MERIAN*aktiv*

Werratal

Peer Pierrot

Erläuterung der Symbole

 Restaurant

 Museum

 Wandern, Spazieren

 Radeln

 Zoo, Tiergehege

 Ort als Ausflugsziel

 Theater

 Wasseraktivitäten

 Tipps für Kids

 Sport & Fitness

 Freizeit-/Activitypark

 Shopping

 für Regentage

Inhalt

Seite

28–35 Der Nordosten

Seite

Seite

1   2   3

Das Werratal stellt sich vor

4

Mitten in Deutschland

292 Kilometer fließt die Werra durch Deutschlands geographisches Zentrum. Mehrere Mittelgebirge und ein Nationalpark, die größere Stadt Eisenach, viele kleinere Städte – wie Meiningen und Eschwege – sowie teils sehr lauschige Ortschaften liegen links und rechts des Flusses.

Das Quellgebiet der Werra am Rennsteig und ihr Zusammenfluss mit der Fulda in Hann. Münden noch etwas weiter gefasst, finden sich zwischen dem Universitätsstädtchen Ilmenau und der documenta-Stadt Kassel zahlreiche Sehenswürdigkeiten eines alten Kulturraums, der zudem auch sportlich interessierten Zeitgenossen vielfältigste Aktivitäten beinahe jeder Art parat hält.

Am Eselsberg, über den der Rennsteig verläuft, in 800 Metern Höhe entsprungen – bald spielt sich noch ein zweiter Quellarm hinzu –, fließt die Werra zunächst nach Südwesten und verlässt nach zehn Kilometern den Thüringer Wald. Bei Eisfeld passiert sie den Nordrand der oberfränkischen Langen Berge, dann den der Gleichberge und nimmt ab Hildburghausen den nordwestlichen Kurs ihres Gesamtverlaufs auf. Am Einfluss der von Schleusingen kommenden Schleuse liegt das ehemalige Kloster Veßra, nahe dem Städtchen Themar, alles zusammen historisches Stammland der Grafen von Henneberg,

die bis 1583 das heutige Südthüringen auch kulturell prägten.

Ab der sehenswerten Theaterstadt Meiningen bis zum Solekurort Bad Salzungen liegt die

hennebergischen Fachwerkstil gehaltene Wasungen und Breitungen mit seiner Seenplatte. Zwischen beiden Orten fließt die Schmalkalde ein, die ihren Namen mit dem nahen Schmalkalden teilt, nach dem sich wiederum ein in der Reformationszeit bedeutendes Militärbündnis der Protestanten benannte.

Bald nach Bad Salzungen markiert das Erlebnisbergwerk Merkers, mit einer Stollentiefe von über 800 Metern, den Beginn des industriell genutzten Abschnitts der Werra, die gleich hinter der Brücke von Vacha und vorbei an einem alten DDR-Grenzturm erstmals nach Hessen fließt. In Philippsthal, wie wenig später in Heringen, dessen Wahrzeichen ein weißer Berg aus Abraumsalz ist, befinden sich die größten Kaliwerke der Region, in denen über 4000 Menschen mit der Gewinnung des wichtigen Düngemittels Kaliumchlorid beschäftigt sind. Die einst extreme Versalzung der Werra – ihr Salzgehalt ähnelte dem der Ostsee – konnte nach der Wiedervereinigung stark reduziert werden. Seit März 2008 arbeitet ein »Runder Tisch«, an dem u. a. die Anrainerländer Thüringen, Hessen, Niedersachsen, das Kasseler Unternehmen K + S sowie Umweltverbände beteiligt sind, an einem ökologisch nachhaltigen Konzept für den

Werra lieblich eingebettet zwischen den Ausläufern der meist von Segelfliegern umschwirrten Rhön im Westen und dem Thüringer Wald im Osten. Unterwegs passiert sie kleinere Orte wie das im

Gewässerschutz. Kanutouren auf dem Fluss sind übrigens längst bedenkenlos möglich.

Hinter Heringen wieder in Thüringen, wird die Werra bei Herleshausen ein Stück ihres Weges zum Grenzfluss. In Hörschel, wo der sich nach Südosten über den Thüringer Wald erstreckende Rennsteig beginnt, fließt die vom nahen Eisenach kommende Hörsel ein, und nach Unterquerung der A 4 beginnt der vielleicht schönste Flussabschnitt. Vorbei an Creuzburg, in dessen gleichnamiger Festung die thüringische – und auch hessische – Landesheilige Elisabeth (1207–1231) die wohl glücklichsten Jahre ihres kurzen Lebens verbrachte, mäandert der Fluss zum lauschigen Mihla, das an den Hainich grenzt. Der Nationalpark, reich an Buchen, erlaubt mit dem Baumwipfelpfad bei Craula einen ungewohnten Blick auf seine Flora und Fauna.

Bei Mihla erzwingen die Hügel des Hainich das »Werraknie«, eine 90-Grad-Kehre, der noch weitere Bögen bis Treffurt und seiner Burg Normannstein folgen. Gleich darauf überquert der Fluss wieder die hessische Grenze und erreicht bald das Städtchen Wanfried, das noch Reste eines alten Hafens besitzt. Bis hierher, von der Weser aufwärts, war einst die Schifffahrt möglich. Um 1600 galt Wanfried als bedeutende Handelsstadt. Durch das

Aufkommen der Eisenbahn verebbte Mitte des 19. Jahrhunderts der Wassertransport.

In breitem Flusstal mit etlichen Seen liegt an den Ostausläufern des Hohen Meißners Eschwege, an dessen Altstadt mit ihren zahlreichen Fachwerkhäusern der Werratalsee mit einer Größe von einem Quadratkilometer nahe heranreicht. Von Eschwege bieten sich

Zu Hause bei Frau Holle

auch Ausflüge in den Naturpark Meißner-Kaufunger Wald an, so etwa in die reizvolle Karstlandschaft des Berkatals. Oder zum Frau-Holle-Teich: In Nordhessen, rund um Kassel, sammelten die

Sommer, Sonne, Café und die Kultur einer lebendigen Theaterstadt: Meiningen.

Brüder Grimm nicht von ungefähr die Geschichten und Legenden für viele ihrer Märchen, an denen sich mancher Wanderweg heute orientiert.

Nach Bad Sooden-Allendorf bildet die Werra nochmals für einige Kilometer die Grenze zu Thüringen. Gleich darauf schlängelt sie sich am Höheberg vorbei, zwischen den einst rivalisierenden Burgen Ludwigstein und Hanstein hindurch, und erreicht an den östlichen Ausläufern des Kaufunger Waldes das in sehr fruchtbarer Gegend gelegene Witzenhausen, wo die Universität Kassel mit der Fakultät für Ökologische Agrarwis-

senschaften einen Ableger eingerichtet hat.

Kurz vor Hedemünden fließt die Werra nach Niedersachsen ein. Oberhalb ihres rechten Ufers wurde hier vor wenigen Jahren ein Römerlager, das bislang östlichste im einstigen Germanien, entdeckt und archäologisch für Besucher erschlossen. In Hann. Münden schließlich, das einen eindrucksvollen mittelalterlichen Stadtkern aufweist, trifft die Werra – inzwischen mit dreizehn rechten und neun linken Zuflüssen versehen – auf die Fulda, was zwar ihr eigenes Ende, zugleich aber den Beginn der Weser markiert.

Kurzum: Zwischen Rennsteig und Rhön, zwischen Hainich, Meißner und Kaufunger Wald liegt eine reiche Kulturlandschaft. Sie wurde vom Mittelalter bis zur Reformationszeit – ersichtlich an den zahlreichen Burgen, Schlössern, Klöstern und Kirchen – je nach Gegend von den Hennebergern, den Thüringer Landgrafen, den sächsischen Kurfürsten, dem Haus Hessen geprägt. Alte Traditionen wie die Herstellung von Glas und Porzellan in Lauscha oder die von Waffen in Suhl finden sich noch hier; im Industriezeitalter kamen Eisenbahnbau – in Meiningen werden historische Lokomotiven restauriert –, Kaligewinnung sowie Automobilbau in Eisenach und Suhl hinzu. Ende des 19., Anfang des 20. Jahrhunderts setzte vor allem zwischen

Burgen, Schlösser und Kirchen

Ilmenau, Oberhof und Schleusingen der Wintersport- und Wandertourismus des Thüringer Waldes ein. An der Werra wurden die Salinenorte Salzungen und Sooden-Allendorf zu Solebädern.

Touristisch größter Magnet im Werratal ist zweifellos Eisenach. Die Geburtsstadt Johann Sebastian Bachs widmete Vita und

Das Bachhaus Eisenach bietet viele Möglichkeiten, sich dem Musikergenie zu nähern.

Burg Hanstein bei Bornhagen: eine mitteldeutsche Kulturlandschaft par excellence mit Burg, Dorf, Feld.

Werk des bedeutendsten Barockkomponisten ein interessantes und im Jahr 2007 erweitertes Museum. Und mit der Wartburg thront seit 1999 gar ein Weltkulturerbe über den Dächern Eisenachs, weithin sichtbar im westlichen Thüringen. Nicht zuletzt machte Martin Luthers hier geleistete Bibelübersetzung 1521/22 die Region zu einem Kerngebiet der Reformation.

In den Zeiten der deutschen Teilung 1949 bis 1989/90 war das Werratal ein zerrissener, nicht durchgehend erfahr- und erlebbarer Kulturraum, geschuldet dem Verlauf mal hüben, mal drüben der innerdeutschen Grenze, deren Trennlinie der Fluss teils bildete. Von Berlin einmal abgesehen, lässt sich seit der Wiedervereinigung kaum eine zweite Region derart als ein Zusammenfinden erleben wie das Tal der Werra. Auch – und noch – über zwanzig Jahre nach dem Untergang der DDR. An jene Zeit der Trennung und des hochgerüsteten Antagonismus von Ost und West erinnern die Grenzmuseen »Point Alpha« bei Geisa und Schifflersgrund nahe Bad Sooden-Allendorf.

Zu Fuß, auf Skiern, im Fahrradsattel oder ein Stück weit mit dem Paddel in der Hand: Wer sich ihr kulturell oder kulinarisch, sportlich oder erholungsuchend anvertraut, kann sie (wieder-)entdecken, diese historisch zusammenhängende Einheit der Region.

Mitten in Deutschland.

1   2   3

66 Ausflüge für Freizeit und Kultur im Werratal

4

Zu Hause bei Dornröschen

Märchenhaftes bietet ein Besuch auf dem Dornröschenschloss Sababurg im Herzen des Reinhardswaldes. Die vom Mainzer Erzbischof 1334 auf einer Basaltkuppe gegründete »Zappaborgck« wurde im 16. Jh. zu einem prächtigen Jagdschloss der Landgrafen von Hessen erweitert und bis ins 19. Jh. genutzt. Danach verfiel sie fast zur Ruine und wurde vom Volksmund zum Märchenschloss der Brüder Grimm verklärt.

Seit den Fünfzigerjahren erfolgt die Wiederbelebung. Heute ist die Schlossanlage ein attraktives Ziel und lädt Besucher zur Besichtigung, zu Kultur im mittelalterlichen Gewölbekeller, ins Standesamt oder zum Genießen ins Restaurant mit Café ein. Den Besuch krönen könnte eine Hotelübernachtung in verwunschenen Himmelbettgemächern hinter den dicken Mauern der Rundtürme.

Bei der Außenbesichtigung mit Burggarten (das Hotel ist Mitglied des European Garden Heritage Network, www.eghn.org), Turmbesteigung und Palas-Ruine spaziert man auch entlang des »Märchenrundgangs Dornröschen«, bei dem

der Künstler Alfons Holtgreve in Stahlschnitten die Geschichte an den Schauplätzen innerhalb der Schlossanlage nacherzählt. Der Rose gilt besondere Aufmerksamkeit: Ganzjährig im Café als kulinarisches Vergnügen, und im Juni betört die Sammlung alter Arten in Form, Farbe und Duft.

Weniger märchenhaft, sondern natürlicher (und für Kinder nicht minder reizvoll) ist ein Besuch des angrenzenden Tierparks Sababurg – einer der ältesten Europas. 1571 von Wilhelm IV. als Jagdrevier angelegt, entwickelte sich der Park unter dem naturwissenschaftlich interessierten Landgrafen zu einem zoologischen Garten.

Elche, Rentiere, Gemsen und manch anderes, nicht einheimisches Getier wurde hier angesiedelt, was bald auch Naturforscher für ihre Studien anzog. Bis Ende des 18. Jh. konnte das 130 ha große Wildgehege als solches gepflegt werden, bis 1928 wurde es als Weidefläche der Beberbecker Pferdezucht genutzt.

1973 wiedereröffnet, knüpft der Tierpark seither an die ursprüngliche barocke Gestaltung in acht an-

---

KARTE → A1

Was: Dornröschenschloss Sababurg
Wo: 34369 Hofgeismar (Sababurg), Im Reinhardswald, Tel. o 56 71/ 80 80
Wann: Außenbesichtigung mit Märchenrundgang: April–Okt. tgl. 10–18 Uhr, Führungen: Mi 14.30, So 11 Uhr, Märchen-Audienzen: Sa und So jeweils 16 Uhr; Tierpark ganzjährig
Wie viel: Märchenrundgang: 2,50 €, ermäßigt 1,50 € (Führung 3 € mehr); Tierpark März– Okt. 5 €, Kinder 3 €, Nov.– Feb. 4 € bzw. 2,30 €
Essen & Trinken: im Café und Restaurant
Web: www.sababurg.de www.tierpark-sababurg.de

nähernd gleich große, voneinander getrennte Gehege an, die teils bewaldet sind. Zudem wurden Teiche (dort leben auch Pinguine und Fischotter) und Volieren für Greifvögel angelegt. Ein Falkner zeigt hier dreimal täglich Flugschauen mit Seeadler, Falke und Bussard.

Die Schwerpunkte des Tiergartens (jährlich 140000 Besucher) sind der Wildpark, ein Park für Haus- und Nutztiere (u. a. mit der bedroh- ten Schafrasse Skudden) und ein Zoo für Kinder. Im Wildparkbereich, zu dem auch Wölfe und Luchse zählen, finden sich, teils durch Rückzüchtungen, u. a. Auerochsen, Wisente und Tarpane (eurasische Wildpferde) ebenso wie Wapiti (nordamerikanische Hirsche) und Rentiere – die als einzige Hirschart auch Weibchen das Tragen eines Geweihs erlaubt. Was dann doch irgendwie märchenhaft ist.

Der verwunschene Garten und die halb verfallene Anlage der Sababurg versetzen den Besucher in die zauberhafte Atmosphäre eines wahren Märchenschlosses.

Wo Werra sich und Fulda küssen ...

Der Tillyschanzen-Turm ermöglicht einen schönen Blick über Hann. Münden, diese Stadt, an der die Weser beginnt und die einen seltsam abgekürzten Namen trägt (seit 1991 offiziell). Seltsam auch, dass man hier einen Aussichtsturm nach jemandem benannte, der der Stadt nur Unheil brachte.

Mündens Geschichte ist, ganz natürlich, von seiner Lage bestimmt: »Wo Werra sich und Fulda küssen / sie ihre Namen büßen müssen« – steht auf dem Weserstein der Flussinsel Tanzwerder. Schon im 13. Jh. erhielt Münden das Stapelrecht, bis ins 19. Jh. war die Stadt ein wichtiger Umschlaghafen für

Verspielte Weserrenaissance am Portal des Hann. Mündener Rathauses.

KARTE → A1

Was: Stadtbesichtigung zu verschiedenen Themen
Wo: Hann. Münden
Wann: ganzjährig, nach Voranmeldung, Tel. 0 55 41/7 53 43

Wie viel: Stadtführungen (90 Minuten, für Gruppen bis 25 Pers.): 46 €
Schiffsfahrt: tgl. außer mittwochs: 8 €, Kinder 4 €, mittwochs inkl. Tagesgericht bzw. Kaffeege-

deck: 10 €, Kinder 5,60 €
Essen & Trinken: Ratsbrauhaus, Marktplatz 3, Tel. 0 55 41/95 71 07; tgl. 11–14, 17–22 Uhr
Web: www.hann.muenden.de

den Handel mit Bremen. Auf der Werra wurden Waren von und bis Wanfried, südlich von Eschwege, transportiert, was Thüringen an den Fernhandel über die Nordsee anband.

Die logistische Lage brachte auch Nachteile mit sich, im Dreißigjährigen Krieg etwa erlitt die protestantische Bevölkerung eine äußerst brutale Invasion der Katholischen Liga unter Führung ihres Feldherrn Tilly (1626). Eine Art Menschenhandel erlebte Münden im 18. Jh., als Hessens Landgraf Friedrich II. hier 20 000 seiner Soldaten einschiffen ließ, die er sehr lukrativ an Englands König Georg III. für den amerikanischen Unabhängigkeitskrieg »vermietet« hatte. Mit dem Bau der Eisenbahn (1856) verlor die Flussschiffahrt an Bedeutung. Sie spielt heute allerdings wieder eine große touristische Rolle, denn

brücke (1323), das Welfenschloss (16. Jh.), das Rathaus (frühes 17. Jh.) und die Kirche St. Blasius (13.–16. Jh.).

Mit den Eisenbarth-Festspielen wird in Münden an eine illustre Persönlichkeit des 17./18. Jh. erinnert. Johann Andreas Eisenbarth (1663–1727) zog als Wanderarzt durch die Lande, konnte in medizinisch obskuren Zeiten manchen Heilerfolg aufweisen und wusste schon moderne PR-Methoden anzuwenden: Er reiste stets mit einer Truppe Gauklern, die für ihn die Werbetrommel rührte. Er starb in Münden, an der Nordseite der St.-Aegidienkirche wurde ein Grabstein zu seinem Gedenken aufgestellt. Seine Gebeine ruhen in einer Gruft im Chorraum mitten vor dem Altar der Kirche.

Seit 1950 finden regelmäßig Festspiele zu seinen Ehren statt, und das Rathaus besitzt ein Glockenspiel mit dem bekannten Eisenbarth-Thema. Klar, dass er auch bei den geführten historischen Stadtrundgängen nicht zu kurz kommt. Relativ neu ist das

> Eine Schifffahrt besonderer Art bietet das Tagesausflugsschiff »Deutschland«: Hier wartet eine Bundeskegelbahn auf standfeste Kegler, die trotz des – geringen – Wellengangs eine ruhige Kugel schieben möchten. Für Sonnenhungrige gibt's Sonnenliegen – wie auf einem Kreuzfahrtschiff.

in der Drei-Flüsse-Stadt werden regelmäßig Schiffsrundfahrten, Linienfahrten und Themen-Schifffahrten angeboten.

Mündens intakte Altstadt weist über 700 Fachwerkhäuser auf, zu den historisch bedeutendsten Bauwerken gehören die alte Werra-

Eisenbart-Spektakel im historischen Packhof: eine humorvolle Veranstaltung mit Theater, Musik, Gauklervorführungen und kulinarischen Angeboten. Das Glockenspiel findet immer noch täglich um 12, 15 und 17 Uhr im Giebel des Rathauses statt.

Römische Relikte an der Werra

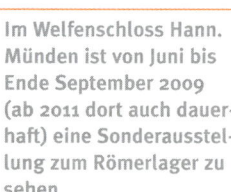

Fünf Kilometer nach Witzenhausen erreicht die Werra Niedersachsen. Bis Hedemünden bleibt das linke Ufer noch hessisch, indessen hält der Fluß an seinem rechten Gestade sogleich einen antiken Ort parat: Das erst vor wenigen Jahren entdeckte römische Militärlager gilt als archäologische Sensation, zumal auf niedersächsischem Boden. Ein Besuch des Lagers ist sehr interessant, mag dessen Geschichte auch ein wenig verwickelt sein.

Zur Zeit der Germanen verlief durch das Gebiet eine Fernhandelsstraße, die östlich des heutigen Hedemünden in einer Furt den Fluss kreuzte. 1855 waren hier römische Geldstücke in einer Amphore gefunden worden, die jedoch, bis auf zwei Münzen aus dem 1. Jh. v. Chr., leider eingeschmolzen wurden.

Nicht weit von dieser Fundstelle liegt der sogenannte Burgberg, der mit einem 90 m hohen Steilhang über die Werra aufragt und dessen bewaldetes Plateau seit geraumer Zeit »Hünenburg«

heißt. Die Bodenunebenheiten des oberen Geländes hielt man lange Zeit für die Reste einer germanischen Fluchtburg. Als Grabräuber im Jahr 1998 hier antike Beute machten, brachte dies die Archäologen der Denkmalpflege des Landkreises Göttingen auf den Plan. Ihre gründliche Arbeit förderte daraufhin zahlreiche bedeutende Funde zutage, darunter römische Waffen, Werkzeuge, Zeltheringe und Münzen. Auch wurden ein über 3 ha großes, ovales Lager mit einstmals vier Toren sowie fünf weitere, teils kleinere, teils erheblich größere Lagerbereiche freigelegt bzw. identifiziert.

2004 konnte als Ergebnis der Untersuchung präsentiert werden, dass es sich bei dem Militärcamp um das östlichste bislang

> Im Welfenschloss Hann. Münden ist von Juni bis Ende September 2009 (ab 2011 dort auch dauerhaft) eine Sonderausstellung zum Römerlager zu sehen.

KARTE → A1

Was: Römerlager Hedemünden
Wo: 34346 Hann. Münden/Hedemünden an der Werra (Niedersachsen)
Wann: Das archäologische Gelände ist frei zu-

gänglich. Ganzjährig buchbare Führungen über die Tourist-Informationen Hann. Münden (Tel. 0 55 41/75-3 13), Witzenhausen (Tel. 0 55 42/ 6 00 10) und Göttingen

(Tel. 05 51/49 98 00).
Wie viel: Eintritt frei; Führungen für Gruppen bis 25 Pers. (Dauer ca. 90 Minuten): 47,00 € pro Gruppe
Essen & Trinken: Vom

Mithilfe von Infoschildern und Audioguide verwandelt sich ein lichter Wald bald in ein antikes Heerlager – zum Erlaufen unbedingt empfehlenswert!

entdeckte Lager dieser Art handelt, das die antike Großmacht in Germanien errichtet hatte. Gebaut worden war es ca. 11–9 v. Chr., vermutlich von Drusus.

Möglicherweise wurde das Lager auch noch im Jahrzehnt nach der Zeitenwende genutzt, eventuell sogar kurzfristig in den Feldzügen 15/16 n. Chr., als der römische Feldherr Germanicus Vergeltung für die verheerende Niederlage der Römer in der berühmten Varus-

bzw. Hermannsschlacht (9 n. Chr.) suchte.

Das Römerlager ist inzwischen für Besucher gut erschlossen. Ein archäologischer Rundgang wurde mit Infoschildern und Audioguide für sechs Stationen präpariert. Da es vor Ort keinen Service gibt, muss man sich die Audiodateien im Internet besorgen. Die Dateien lassen sich kostenlos (Webadresse s. u. unten) auf MP3-Player oder Handy herunterladen.

Fundort frühester Münzen in der Region ist es nicht weit zum »Letzter Heller«, einem ambitionierten Gasthaus in schön renoviertem Fachwerkbau mit Außenter-

rasse; an der B 80 auf halbem Weg zwischen Hedemünden und Hann. Münden; Letzter Heller 7, 34346 Hann. Münden, Tel. 0 55 41/64 46 (Do Ruhetag)

Web: www.goettinger
land.de/roemerlager
www.hann.muenden.de
[dort: Römerlager]
www.letzter-heller.de

Familienspaß in ländlicher Idylle

Orte wie der Erlebnispark Ziegenhagen haben gegenüber technisch hochgerüsteten Freizeitparks ein paar entscheidende Vorteile: Weder sind sie so kostspielig (zumal für eine ganze Familie), noch stellen sie Eltern vor autoritätsuntergrabende Mutproben (Zentrifugen, Achter- oder Geisterbahn), auch regen sie die Fantasie mehr an (weshalb sich Kinder hier keineswegs langweilen).

In Nordhessen ist Slowfood angesagt, das scheint auch gegen Hek-

KARTE → B1

Was: Familienerlebnispark für Groß und Klein Ziegenhagen
Wo: 37217 Witzenhausen-Ziegenhagen, Tel. 0 55 45/2 46
Wann: April: 10–17. Mai–Aug.: 10–18, Sept.–Okt.: 10–17 Uhr (auch wetterabhängig)
Wie viel: nach Körpergröße: bis 90 cm: frei, 90–115 cm: 9 €, über 115 cm: 10,50 €, ermäßigt: 8 bzw. 5 € (Preise decken 90 % des Angebots ab, weitere Extraangebote kosten jeweils 0,50 €)
Essen & Trinken: SB-Restaurant auf dem

Nicht nur Tiere mit flauschigem Fell, auch solche mit einem weichen Federkleid lassen sich gerne im Streichelzoo verwöhnen.

tik bei Familienausflügen zu wirken. Im Erlebnispark Ziegenhagen geht es beschaulich zu wie in einem Dorf, da er ohne allzu spektakuläre Effekte auskommt. Stattdessen bietet er ein breites und sicher nicht weniger attraktives Angebot für den Spieltrieb der Kleinen: Tretautobahn, Miniriesenrad, Wasserhüpfer und -springboot, Schwebebahn über den See, Trampolin, Schwingschaukel, Röhrenrutschen, Kinderkarussell – rund 30 Attraktionen sorgen für viel Abwechslung: Mit dabei sind so »altmodische« Unterhaltungen wie ein Irrgarten, der sicher auch den Eltern noch Spaß macht. Originell ist bereits die Eintrittsprozedur, denn hier wird der Kindertarif nicht wie üblich nach Altersstufen, sondern nach der Größe festgelegt.

Der landschaftlich reizvoll gelegene Park ist in die drei Themenbereiche Märchen-, Geister- und Tierreich aufgeteilt. Während der Streichelzoo den kleinen Gästen große Freude bereitet, dürften die drei Museen mit Sammlungen von historischen Fahrzeugen, Eisenwaren und Öfen sowie mit einer Volkskundeausstellung eher den Vätern oder Müttern die Zeit vertreiben. Ein Familientag mit Kindern lässt sich so bei gutem Wetter mühelos gestalten.

Offen ist man hier allen Gästen gegenüber, ob Wohnmobilfahrer (die auf den angrenzenden Parkflächen auch Stellplätze vorfinden) oder Hundebesitzer, die folgsame Hunde mit in den Park nehmen dürfen. Zu den vielen Vorzügen der sympathischen Anlage gehört auch eine weitgehende Barrierefreiheit, die etwa Rollstuhlfahrern die problemlose Nutzung von 95 % des Angebots ermöglicht.

Gelände; Grillhütten (nach Voranmeldung) mietbar; kleine Grillhütte mit 25 Plätzen im Inneren ab 10 € (15 € Kaution), größere Grillhütte mit 40 Plätzen innen und

40 überdachten Plätzen im Außenbereich ab 20 € (15 € Kaution), Essen und Kohle zum Grillen müssen selbst mitgebracht werden, Süßwaren, Eis, kleine Imbisse und Ge-

tränke sind am Eingangskiosk erhältlich
Web: www.erlebnispark-ziegenhagen.de

Kassel von oben – und unten

Über Nordhessens einziger Groß-
stadt (ca. 194 000 Einwohnern)
wacht seit 1717 unübersehbar vom
Karlsberg der antike Heros Herkules. Die Statue misst 8,25 m und
steht auf dem 62,25 m hohen Un-
terbau, einer Pyramide, die aus einer achteckigen, riesigen Schloss-
attrappe ragt. Dem Monument
vorgelagert ist eine 250 m lange
Wasserkaskade, deren Linie sich
durch den Bergpark bis Schloss
Wilhelmshöhe (1786–1798) und
dahinter als Achse bis zum 7 km
entfernten Brüder-Grimm-Platz in
der Innenstadt fortsetzt.
Kurzum: Zu einem Kasselbesuch
gehört einfach ein Blick vom Herkules (die Aussichtsplattform an
der Pyramide liegt in 558 m Höhe)
auf den großartigen Bergpark (ca.
3 qkm) von Bad Wilhelmshöhe. Das
Ensemble dieses barocken Garten-
geländes entstand in 150-jähriger
Bauzeit während der Prunkzeit der
hessischen Kurfürsten.
Die Verspieltheit der künstlichen
Landschaft verlangt auch nach
städtischer Ironie: Am Fuldaufer, in
gedachter Verlängerung der Park-
achse, steckt die riesige Spitzhacke Claes Oldenburgs, die der
Künstler zur documenta 7 (1982)

*Wie ein leichtfüßiger
Sisyphos immer
auf dem Weg in den
Himmel.*

so positio-
nierte, als ob Herkules sie
dorthin geschleudert hätte.
Öffentliche Kunstwerke gibt es
viele in Kassel, etwa Jonathan
Borofskis »Man walking to the
sky« (1992, documenta 9) am
Haupt- bzw. Kulturbahnhof oder,
auf dem Friedrichsplatz vor dem
Fridericianum (1779, eines der
ältestes Museen Europas),
Walter De Marias »Vertikaler
Erdkilometer« (1977, do-

KARTE → A2

Was: Sehenswürdigkeiten in Kassel, Bergpark Wilhelmshöhe, documenta, Weinbergstollen **Wo:** Kassel **Wann:** Bergpark ganzjährig;	nächste documenta: 2012; Weinbergstollen: 1., 2., 4. Mo im Monat 16 Uhr; Dauer: 1,5–2 Stunden; (Treffpunkt: Parkstreifen unterhalb des Weinbergs); Bunker unter dem	Bahnhofsvorplatz: 3. Mo im Monat 16 Uhr; Dauer: 1–1,5 Stunden; (Treffpunkt: Ottostraße hinter dem Polizeipräsidium) **Wie viel:** Bergpark frei; Weinbergstollen bzw.

cumenta 6), ein Messinggestänge, das 1000 m tief im Boden steckt. Auch stehen hier die erste und letzte Eiche der »Stadtverwaldung« (1982, dokumenta 7), die Joseph Beuys als Soziale Plastik in ganz Kassel pflanzen ließ. Besonders viele

dieser Eichen (jede mit einer Basaltstele versehen) wachsen an der angrenzenden Frankfurter Straße und an der von ihr abzweigenden Tischbeinstraße.

Dort in der Nähe befindet sich auch der Weinberg, der sozusagen Herkules' Blick über die Stadt und seinen Spitzhackenwurf ergänzt. Wo einst Reben rankten, wurden im 19. Jh. Stollen zur Bierlagerung gegraben. Im Zweiten Weltkrieg zu einem Labyrinth von Schutzräumen ausgebaut, fanden hier 10 000 Menschen Platz. Kassels Feuerwehr hat die Gänge sowie den großen Bunker unterm Kulturbahnhof für Führungen restauriert. Nach solch einer Besichtigung der Stadt von unten stehen Skywalker und Herkules in einem anderen Licht da.

Bunker: 5 € (Gruppenführungen 20–30 Personen; Kinder erst ab 10 Jahre; Hinweis: Teilnehmer sollten gut zu Fuß sein, sowie enge Räume nicht als beklemmend empfinden.)

Essen & Trinken: nahe der »Spitzhacke«, sehr stilvoll und mit Terrasse: Orangerie, Auedamm 20b, 34121 Kassel, Tel. 0561/ 28 61 03 18; Di–Fr ab 12, Sa ab 10, So 10–18 Uhr

Web: www.feuerwehr-kassel.eu www.kassel.de [dort: Kultur/ Sehenswürdigkeiten/ Innenstadt] www.orangerie-kassel.de

Burgenweitblick: Zwischen Ludwigstein (vorn) und Hanstein lag früher die Grenze.

Alte Burg mit Charme der Jugend

1415 von Landgraf Ludwig I. von Hessen zum Schutz des Handels im Werratal vor dem Unwesen der Raubritter von Hanstein (→ S. 30) gebaut, erfüllt die Burg Ludwigstein längst andere Zwecke. Seit 1920 ist sie, Begegnungsstätte und Ausflugsziel in einem, ein Hort der Jugend, der seit Jahrzehnten als spektakuläre Jugendherberge (ca. 170 Betten) auch gern für Klassenfahrten genutzt wird.

Im 19. Jh. baufällig geworden, wurde Burg Ludwigstein 1920 vom »Wandervogel« erworben, wieder restauriert und mit einer Gedenkstätte für die 50 000 im Ersten Weltkrieg Gefallenen der Jugendbewegung versehen.

Nach dem Zweiten Weltkrieg kümmerten sich neu gegründete Jugendbünde wie der »Zugvogel« um das Anwesen, bald unterstützt von den Pfadfindern. Das beeindruckende, spätmittelalterliche Bauwerk ist ein idealer Ausgangspunkt für zahllose Wanderungen, Rad- und Kanutouren, zudem ein guter Rahmen für Feste, Seminare oder Theaterprojekte. Die wechselhafte Burggeschichte dokumentiert ein Museum.

KARTE → B2

Was: Burg und Burgherberge Ludwigstein
Wo: 37214 Witzenhausen, Tel. 0 55 42/50 17 10
Wann: Burgmuseum, Ausstellungen und Turmbesteigung: tgl. 8–22 Uhr,

Burgführungen auf Anfrage
Wie viel: Museum, Ausstellungen und Turmbesteigung kostenlos; Burgführungen 2,50 €, ermäßigt 2 €

Essen & Trinken: Burgküche (auch für Tagesbesucher): tgl. 7.30–20 Uhr
Web: www.burgludwigstein.de

Route rund ums Rote mit Kern

Nordhessen ist eine ausgemachte Kirschengegend. Insbesondere gilt dies für die fruchtbare Landschaft um Witzenhausen. In dem Städtchen an der Werra befindet sich nicht von ungefähr ein Ableger der Universität Kassel, an dem, als einziger derartiger Studiengang in Deutschland, Ökologische Agrarwissenschaften gelehrt werden. Wie sehr die schmackhafte und kerngesunde Frucht hier, in ihrem europaweit größten Anbaugebiet, verwurzelt ist, zeigt der Kirschenerlebnispfad.

Der gut ausgeschilderte Parcours ist 4,5 km lang, wovon 1,8 km in der Stadt verlaufen, der Rest über Wiesen und Felder. Die Route beginnt am Rathaus, dort befindet sich auch die erste von 17 Stationen, die über alles nur erdenklich

Wissenswerte rund um die rote Frucht informieren: von der Kulturgeschichte der Kirsche (die hier Kesper heißt) über ihre Sortenvielfalt, von den Anbaugebieten bis zu ihren Verarbeitungsmöglichkeiten (etwa als Marmelade, Kuchen, Likör, Schnaps oder in der Medizin). Nach dem Erlebnis dieses Pfades dürfte wohl keiner mehr von sich behaupten, mit ihm sei nicht gut Kirschen essen ...

Auch Knirpse interessieren sich keineswegs nur für das Kirschkernspucken.

Während der bekannten Witzenhausener Kesperkirmes (Kesper = Kirsche) huldigt man der roten Aromabombe u. a. mit der Wahl der Kirschenkönigin, dem Triathlon »Cherry Man« und einem Wettbewerb im Kirschsteinweitspucken.

KARTE → B2

Was: 4,5 km langer Spaziergang auf dem Kirschenerlebnispfad
Wo: 37213 Witzenhausen
Wann: ganzjährig
Wie viel: kostenlos

Essen & Trinken:
Dorothee's Wiener Café, Steinstr. 1 (nahe Rathaus, Tel. 0 55 42/ 3 03 76 60): Kuchen und Kaiserschmarren wird

hier die Kirsche nicht vorenthalten
Web:
www.kirschenland.de

Exotisches in Witzenhausen

Mit seinen rund 16 000 Einwohnern zählt Witzenhausen (→ S. 27) zu Deutschlands kleinsten Universitätsstädten. Wo kein Massenbetrieb herrscht, so scheint's, gedeihen nicht nur akademische Studien gut: Die der Uni Kassel angeschlossene Fakultät für Ökologische Agrarwissenschaften bietet mit ihrem Tropengewächshaus der Flora exotischer Regionen ein klimatisch ideales Milieu. Auf insgesamt 1200 qm gibt es Pflanzen aus dem tropischen Tief- und Hochland sowie den Subtropen zu bestaunen, die auf fünf Räume verteilt sind: Palmen-, Kaffee- und Kakaohaus, Orangerie und Feldkulturen. Der Bestand umfasst an die 500 Arten Nutzpflanzen, die hier zu Forschungszwecken (etwa: Agrarbiodiversität) gezüchtet werden.

Noch eine andere Pflanze lässt sich in Witzenhausen näher kennenlernen, sofern man Tabak als Kulturgut und Genussmittel zu goutieren weiß. Doch selbst Anhängern eines verschärften Nichtraucherschutzes dürfte ein Besuch in der Tabakmanufaktur Grimm & Triepel nicht allzu anrüchig erscheinen. Handelt es sich doch bei dieser bereits 1849 gegründeten Firma um Deutschlands letzten Hersteller von Kautabak. Eine Werksbesichtigung gibt Einblick, wie Tabakblätter zu seildicken Schlunzen gerollt, beim x-fachen Soßen aromatisiert und dann getrocknet werden, um schließlich mundgerecht geschnitten als Prieme in den Handel zu kommen. Mag Tabakkauen (anders als bei Baseballspielern der Major League) hierzulande kaum mehr in Mode sein, bei Grimm & Triepel sind schon die Düfte (wie Anis, Zimt, Nelken, Lakritze u. v. m.) ein angenehmes, ja: exotisches Erlebnis für die Nase.

Noch Exotischeres gibt es im Witzenhausener Völkerkundemuseum zu sehen, dessen Ursprünge im unrühmlichen Kolonialismus des Zweiten Kaiserreichs liegen. 1898

> Sportlern, die nach so vielen exotischen Museen »die Wand hochgehen« möchten, sei die 12,5 m hohe Kletterwand bei »Family Fitness« empfohlen. Anfänger und Profis kommen gleichmaßen auf ihre Kosten.

KARTE → B2

Was: Drei ungewöhnliche Besichtigungen
Wo: 37213 Witzenhausen
Wann: Tropengewächshaus: Für Einzelbesucher Mi, Fr, Sa, So, feiertags 14–16, öffentliche Führungen Sa 14–15 Uhr; Gruppenführungen nach Absprache, Tel. o 55 42/ 98 12 31); Tabakmanufaktur: ohne Führung Mi 14–16 Uhr; Führungen (5–30 Pers.) nach Voranmeldung bei Heidrun Kruse, Tel. o 55 42/ 91 16 17; Völkerkundemuseum: April–Okt. 15–17 Uhr (Gruppenführungen nach Voranmeldung, Tel. o 55 42/60 70)

wurde in der Stadt die Deutsche Kolonialschule gegründet, die angehenden Landwirten und Siedlern in Übersee jene Kenntnisse fremder Kulturen näherbringen sollte, die damals für angemessen gehalten wurden. Zwei Drittel der rund 2000 Exponate des Museums stammen von Absolventen der ehemaligen Kolonialschule. Die ethnografische Sammlung ist in sechs Räume aufgegliedert. Vier davon orientieren sich an Erwerbsarten (Fischer, Bauern, Jäger, Nomaden) höchst unterschiedlicher Kulturen in Afrika, Südamerika und Ozeanien, wobei Gegenstände aus allen Lebensbereichen (Kleidung, Werkzeuge, Waffen u. v. m.) zu sehen sind. Ein Raum widmet sich der Kultivierung ägyptischer Oasen und ein weiterer, durchaus selbstkritisch, der Geschichte der Deutschen Kolonialschule.

Diese Figur von den Solomonen-Inseln war am Bug eines für den Kriegseinsatz vorgesehenen Kanus angebracht.

Wie viel: Tropengewächshaus: 2,50 €, ermäßigt 2 €, Führungen für mind. 25 €; Tabakmanufaktur: 2–5 € pro Person; Völkerkundemuseum: Eintritt wird erhoben

Essen & Trinken: Schinkels Back- und Brauhaus; nach so viel Exotischem etwas Einheimisches: Witzenhäuser Krustenbraten mit Biersoße
Web: www.uni-kassel.de/agrar/tropengewaechshaus, www.krusekautabak.de, www.ditsl.de/de/sammlung, www.schinkels-brauhaus.de www.family-fitness-witzenhausen.de

Feiern wie im Mittelalter

Begehbare Ruinen in malerischer Landschaft – ein Spaß für alle.

Ein Prachtstück von einer Ruine ist Burg Hanstein. Groß genug, um eigenen Ritter- bzw. Burgfräulein-Fantasien freien Lauf zu lassen, und perfekt gelegen für einen weiten Blick über die Landschaft des Eichsfelds und ins Werratal. Niedlich schmiegt sich der kleine Ort Bornhagen zu Füßen des Gemäuers in 450 m Höhe an den Hang. Der urige Klausenhof lockt mit Rittersaal, Schankraum und Lindengarten zur Einkehr.

Den Vorgängerbau der Burg zerstörte 1070 König Heinrich IV., sieben Jahre vor seinem berühmten »Canossagang«. In den Besitz des Mainzer Erzbistums gelangt, erhielten die Brüder Heinrich und Lippold von Hanstein 1308 die Burgreste als Lehen und bauten sie neu auf. Als die Hansteins im 15. Jh. zum Raubrittertum übergingen, errichtete 1415 der hessische Landgraf Ludwig I. 3 km südlich Burg Ludwigstein zum Schutz des Werratals. Ruine wurde Hanstein erst im Dreißigjährigen Krieg.

Im 18. Jh. zog das verbliebene Bauwerk Reisende wie Goethe und seinen Gönner Carl August von Sachsen-Weimar an und vom 19. bis ins 20. Jh. viele Göttinger Studenten. In der DDR-Zeit diente die exponierte Lage der Grenzbeobachtung. Heutzutage suchen Tausende Burg Hanstein als perfekte Kulisse des Mittelalterfests auf.

KARTE → B2

Was: Burg Hanstein, Mittelalterfest
Wo: 37318 Bornhagen/Eichsfeld
Wann: März–Okt. Mo–So 10–18, Nov. Mo–So 10–16, Dez.–Feb. Wochenende/feiertags 10–16 Uhr
Mittelalterfest: 1. Aug.–Wochenende
Wie viel: 2,50 €, ermäßigt 2 €, Kinder ab 6 Jahre 1 € (Führungen auf Anfrage, Tel. 03 60 81/6 78 56)

Essen & Trinken: Klausenhof: stilechtes Lokal mit regionalen Spezialitäten, Tel. 03 60 81/6 14 22
Web:
www.burghanstein.de
www.klausenhof.de

Hopfen und Mären

Das Brauhaus Knallhütte verknüpft etwas so Reales wie die Herstellung von Bier mit dem Zauber der Märchenwelt. Die erstaunliche Kombination ist leicht zu erklären: Dorothea Viehmann (1755–1815), Nachfahrin hugenottischer Einwanderer, wuchs in Rengershausen auf. Hier hörte Dorothea viele Märchen und merkte sie sich so genau, wie jene überlieferten ihrer französischen Vorfahren. Mit 22 heiratete sie und zog nach Kassel. Als ihr Mann starb, wurde sie Marktfrau. 1813 machte sie die Bekanntschaft der Brüder Grimm (Grimm-Museum in Kassel), die im Jahr zuvor den ersten Band der Kinder- und Hausmärchen veröffentlicht hatten. In Dorothea Viehmann fanden sie nun für ihre Märchensammlung eine sprudelnde Quelle, aus der sich schöpfen ließ.

Im Gasthof ihres Vaters wird heute nicht nur Bier gebraut und verzapft, sondern für kleine und große Zuhörer auch an Dorotheas Fähigkeiten lebhaft erinnert. So schlüpft jeden Samstag eine Schauspielerin in die Rolle der Viehmännin und erzählt davon, wie es einmal war …

Gebannt lauschen Kinder der stimmungsvollen Märchenstunde im Brauhaus.

KARTE → A2

Was: Brauhaus Knallhütte
Wo: 34225 Baunatal-Rengershausen, Tel. 5 61/49 20 76; Brüder-Grimm-Museum: Palais Bellevue, Schöne Aussicht 2, 34117 Kassel, Tel. 05 61/7 87 20 33
Wann: Brauhaus: tgl. ab 11 Uhr
Museum: tgl. 10–17, Mi 10–20 Uhr, feiertags Sonderregelungen

Wie viel: Brauhaus: Märchenstunde frei; Museum: 1,50 €, ermäßigt 1 €
Essen & Trinken: deftige Speisen im Brauhaus
Web: www.brauhaus-knallhuette.de

Galerie im Freien

Interessant und ungewöhnlich ist das Projekt Ars Natura, das Wandern mit Kunst am Wegesrand verbindet. Die Skulpturen ausgewählter Künstler wirken dabei wie in die Landschaft gesetzte Akzente oder Kommentare.

Der Ars-Natura-Weg »X 3« (seit 2007) verläuft auf dem alten Fernwanderweg »Wildbahn« (Westfalen bis Bayern), Teilabschnitt 3 tangiert dabei die Kunst- und documenta-Stadt Kassel. Er beginnt im Vorort Lohfelden und folgt dem Lauf des Wahlebachs zum Bundesgartenschaugelände. Ab da führt der Weg entlang des rechten Fuldaufers (mit Panorama der Kasseler Altstadt) zur Hafenbrücke und endet links der Fulda im Vorort Wolfsanger.

Bereits am Wahlebach finden sich erste Objekte: so »Wortfühlig« von Tatjana Kurnatowski (ca. 70 Kieselsteine, mit Wort- und Silbengravuren eines Gedichts von Reiner Kunze) oder Wolfgang Folmers »Stammbilderfeld II« (liegende Baumstämme, deren Rinde geheimnisvolle Signaturen zeigt). Unter vielen anderen sind auch zu sehen: Meinrad Ladleifs Parkbank »Rokoko« im Gartenschaugelände (mit scherenschnittartiger Stahlrückenlehne) oder, am Flussufer, Erich Zimmers (einer treibenden Wasserbewegung gleichende) Holzskulptur »Die Welle«.

Gestrandet: Dem Wasser entstiegen, vermittelt die »Welle« zwischen Ufer und Fluss.

KARTE → A2

Was: Kunstwanderweg Ars Natura (Streckenlänge: ca. 14 km)
Wo: Kassel, Start in Lohfelden gegenüber Schwimmbad (Waldauer Str.) in den Kampweg zum Wahlebach
Wann: ganzjährig
Wie viel: Besichtigung frei
Essen & Trinken: Landhaus Meister mit Biergarten nahe Fuldaufer, Di–Fr 14.30–23, Sa 11.30–23, So/feiertags 11.30–18 Uhr, Mo geschl.; Fuldatalstr. 140, 34125 Kassel, Tel. 05 61/87 08 00 11
Web: www.ars-natura-stiftung.de

Salzige Doppelstadt

Altes Fachwerk unter roten Dächern und ein hügeliges Flusstal: Schon der Anblick Bad Sooden-Allendorfs wirkt erholsam. Im 8. Jh. schenkte Karl der Große die hiesigen Salzvorkommen dem Kloster Fulda. 1212 gründeten Thüringens Landgrafen den Ort Allendorf, links der Werra entstand Sooden als Salinenarbeitersiedlung. Lange unabhängig voneinander, wurden die Ortsteile 1929 vereint. Wegen des Preisverfalls endete 1906 die Salzgewinnung für den Handel. Zuvor aber fand das altehrwürdige Gradierwerk von 1638 (erneuert im Jahr 2003) einen neuen heilklimatischen Zweck: Die Sole (12 % Salzgehalt) machte die Stadt Sooden nun zum Kurort. Am Gradierwerk befindet sich die Werrataltherme, das Badehaus am Schwanenteich und im Södertor das Salzmuseum. Sehenswert sind auch die »Salzkirche« St. Marien (1699, nach Stadtzerstörung im Dreißigjährigen Krieg) und das alte Kurhaus.

Den Stress abschalten – im ruhigen Kurstädtchen garantiert.

Das traditionelle Erntedank-Fest (seit 1858) zieht am 3. Augustwochenende zahlreiche Besucher in die Stadt. Zu den Höhepunkten zählen: Illumination der Werra, Festumzug und Schlussfeuerwerk.

In Allendorf lohnt ein Blick auf die Fresken der Hospitalkapelle (14. Jh., nördlich der Altstadt) und ein Bummel durch die hübschen Gassen samt Marktplatz und Rathaus. Und am Brunnen vor dem Steintor steht eine (1912 gepflanzte) Linde. Es heißt, dies sei der Ursprung der bekannten Verse Wilhelm Müllers. Egal ob das stimmt oder nicht: Das Lied ist danach wieder im Kopf.

KARTE ➞ B2

Was: Stadtbesichtigung Bad Sooden-Allendorf
Wo: Werra-Meißner-Kreis
Wann: Salzmuseum: Mi, Sa, So und feiertags 14–17 Uhr (1. Okt.–31. März: Mi geschl.)

Wie viel: Salzmuseum: 1 €, Kinder bis 16 Jahre 0,50 €; Führungen nach Voranmeldung, Tel. 0 56 52/95 87 16; Gradierwerk kostenlos begehbar
Essen & Trinken: Auf der

Allendorfer Seite liegt 1,5 km flussaufwärts das »Fischerstübchen« mit Biergarten, tgl. ab 10.30 Uhr, Tel. 0 56 52/37 51
Web: www.bad-sooden-allendorf.de

Am Eisernern Vorhang

Das seit 1991 bestehende Grenzmuseum Schifflersgrund hat ein düsteres Stück deutscher Geschichte zum Thema. Genauer gesagt, ist es ein erhalten gebliebenes Grundstück, über das der einstige »Todesstreifen« der innerdeutschen Grenze verlief – jener Grenze, die die Bundesrepublik und die DDR teilte und die zugleich die Grenze zwischen der NATO im Westen und dem Warschauer Pakt im Osten war.

Nach dem Ende des Zweiten Weltkriegs und der Aufteilung Deutschlands in Besatzungszonen hatten sich Amerikaner und Russen im September 1945 auf einen Gebietsaustausch geeinigt, der für viele Bewohner und Familien eine Umsiedlung bedeutete. Die Bahnstrecke Göttingen–Bebra verlief damals 3 km über sowjetisches Gebiet, was dort zu Schikanen führte. Bei dem Gebietstausch an der sogenannten »Whisky-Wodka-Linie« wurde nun die Bahnlinie dem Westen zugeschlagen, dafür erhielt die Sowjetunion einige Gemeinden (etwa Sickenberg und Weidenbach), die zuvor auf hessischem Territorium lagen. Nun gehörten sie zu Thüringen und damit (nach der Staatsgründung 1949) zur DDR.

In den kältesten Zeiten des Kalten Kriegs ordnete 1961 die DDR-Führung die Errichtung des »antifaschistischen Schutzwalls« an. In Berlin kam es so zum Bau der Mauer bzw. an der 1378 km langen innerdeutschen Grenze zu einem massiven Befestigungswall (»Eiser-

---

KARTE → B2

Was: Grenzmuseum Schifflersgrund
Wo: 37318 Asbach/ Sickenberg, Tel. 03 60 87/9 84 09
Wann: Nov.–Feb. Di–Fr 10–16, Sa–So 11–16 Uhr

März–Okt. tägl. 10–17 Uhr
Wie viel: 3,50 €, ermäßigt 2,50 €, Kinder bis 10 Jahre frei, Führungen (ab 15 Personen, nach tel. Anmeldung) 20 € je

Gruppe, fremdsprachige Führungen in Englisch, Französisch, Spanisch und Russisch sind möglich
Web: www.grenzmuseum.de

Wo andernorts die Natur die Spuren des Kalten Kriegs überwuchert, hält das Grenz-museum die Erinnerung an die Gewalt an der innerdeutschen Grenze wach.

ner Vorhang«) mit Stacheldraht-zaun, Minenfeldern, Selbstschuss-anlagen und Schießbefehl für die Grenzsoldaten. Allesamt Maßnah-men, die DDR-Bürger von einer »Republikflucht« abhalten sollten. Bis zum Fall der Mauer, am 9. No-vember 1989, der auch die Öffnung der innerdeutschen Grenze bedeu-tete, starben Hunderte Menschen (die genaue Zahl ist unbekannt) beim Fluchtversuch.

An dem 1,5 km langen »Todesstrei-fen«, den das Grenzmuseum Schiff-lersgrund erhalten hat, gab es ebenfalls ein Opfer. Hier starb am 29. März 1982 Heinz-Josef Große beim Versuch, in den Westen zu fliehen. Er wollte mithilfe eines Frontladers über den Zaun sprin-gen, dabei wurde er von DDR-Grenzsoldaten erschossen. Das aus einer privaten Initiative ent-standene Museum dokumentiert mit dem von Große benutzten Frontlader diesen tragischen Vor-fall. Zudem zeigt es anhand zahlrei-cher Dokumente und Exponate (vom Wachturm bis zum sowjeti-schen Hubschrauber) ein plasti-sches Bild dieses einstigen Front-gebiets im Kalten Krieg.

Erdiges Kunsthandwerk

Die Böden um Großalmerode sind seit jeher von hoher Tonqualität. Und in den Wäldern fand sich guter Quarzsand. So entstand hier im Mittelalter ein bedeutendes Keramikgewerbe, den Rohstoff lieferte der nahe Hirschberg. Auch die Glasherstellung spielte einst eine große Rolle.

Das Glas- und Keramikmuseum in einem prächtigen Fachwerkbau zeigt die Manufaktur- und Industriegeschichte dieser beiden Materialien. Keramik und besonders Glas waren purer Luxus. Ihre Herstellung war aufwendig, die Bearbeitung erforwert(e) viel kunsthandwerkliches Können – wie an Haushaltsgefäßen und tönernen Tabakspfeifen zu sehen ist.

Zu »Waldglas« verarbeitete man vom 14. bis 17. Jh. hiesige Quarzsande, Glashütten standen damals in Wäldern. Wegen ihres enormen Waldverbrauchs wurden sie Ende des 17. Jh. verboten. Ein Raum widmet sich diesem Kapitel der Glasproduktion. Wie Keramik und Glas eigentlich entsteht, wird ebenso gezeigt wie Objekte und Einrichtungen aus dem Alltagsleben jener, die damit zu tun hatten.

Fotos und Figuren »beleben« das zeitgenössische Ambiente der Museumsmanufaktur.

KARTE → B2

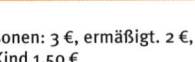

Was: Glas- & Keramikmuseum
Wo: Kleiner Kirchrain 3, 37247 Großalmerode, Tel. o 56 04/75 55, Tourist-Info Tel. o 56 04/93 35 26

Wann: April–Okt. sonntags 14–17 Uhr; ganzjährig Gruppenbesuche nach Voranmeldung
Preise: 2 €, ermäßigt 1,50 €, Kinder bis 12 Jahre 1 €, Führungen ab 10 Personen: 3 €, ermäßigt. 2 €, Kind 1,50 €

Essen & Trinken: »Waldschlösschen« am Mäuseborn im Fahrbachtal
Web: www.grossalmerode.de

Sandkasten für Große

Wem es gelingt, ökologische Aspekte einmal dezent im Hinterkopf zu parken, kann auf dem »Männerspielplatz« in Großalmerode (nahe dem Hohen Meißner) das innere Kind im Manne suchen – und vielleicht sogar finden. Von April bis November stehen jedes Wochenende auf einem 70 ha großen Gelände Gerätschaften wie Schaufel- und Kettenbagger, Verladekran, Planierraupe, Unimog oder Traktor zur Erfüllung lang unterdrückter Träume aus dem Sandkastenalter parat.

Gruben ausheben, kubikmeterweise Kies verlagern und tonnenschweres Material umladen ist hier ohne Spezialausbildung möglich. Führerscheinklasse B bzw. 3 genügt. Einen zusätzlichen Adrenalinschub verspricht, mit Geländewagen (Jeeps, Quads) offroad über unwegsame Pfade zu brettern, weit entfernt von jeder Straßenver-

Mal richtig Gas geben – auf dem Männerspielplatz relativ ungefährlich.

kehrsordnung. Frauen, auch wenn ihnen die aktive Teilnahme keineswegs versagt ist, schauen meist nur zu und staunen. Während mancher Mann sich wundern mag, diesem verschollenen Spieltrieb so lange nicht gehuldigt zu haben ... Geschweige denn im Maßstab 1:1. »Nachwuchsmänner« sind ebenfalls versorgt und können zwischen Elektroautos und kleinen Carts mit Benzinmotor wählen.

KARTE → B2

Was: Erlebnispark Männerspielplatz
Wo: 37247 Großalmerode, Tel. 0 56 04/93 05 57; Anfahrt über die A 7, B 7 und B 451
Wann: April–Nov., exakte Monatstermine im Internet checken; Sa/So 10–17 Uhr
Preise: pro Teilnehmer: 219 €, Besucher 3 €; Kindern stehen u. a. z. B. Elektroautos zu Verfügung
Essen & Trinken: Bewirtung wird angeboten (nicht im Preis enthalten)
Web: www.maennerspiel platz.de

Ferien zu Pferde

Für bereits Sattelfeste und solche, die es noch werden wollen, ist der Reiterhof Hirschberg eine gute Adresse. Das ehemalige Rittergut, heute ein Gestüt, wendet sich mit seinem Angebot insbesondere an Familien mit Kindern. In einem Waldgebiet nahe dem Hohen Meißner gelegen, erscheint der Reiterhof mit seinen Fachwerkhäusern und Stallungen wie ein hübsches, kleines Dorf. Nicht nur Wochenendbesucher kommen den eleganten Vierbeinern hier näher, auch gleich ganze Ferien zu Pferde sind möglich. Einzel- oder Gruppenreitstunden in einer großen Longierhalle und im Freien (verschiedene Koppeln und Geländeparcours) werden ebenso unterrichtet wie alles Wissenswerte über Wesen, Aufzucht und Pflege der edlen Tiere. Mehr als 100 Pferde leben auf dem Gestüt, das v. a. Isländer, Friesen, Andalusier und Knabstrupper züchtet. Mit ihnen sind die unterschiedlichsten Ausflüge möglich, etwa Vollmondreiten, Wanderritte von Burg zu Burg oder Kutschentouren.

Das Freizeitangebot endet nicht mit dem Verlassen des Sattels. Ballspiele und Lagerfeuer gehören ebenso dazu wie ein Streichelzoo, in dem andere Felltiere wie Lama, Kamel und Ziege (nicht nur) zu bestaunen sind.

Wer Töchter hat, wird sie zu einem Besuch des Reiterhofs nicht lange überreden müssen.

KARTE → B2

Was: Reiterhof Hirschberg
Wo: Reiterhof Hirschberg, 37247 Großalmerode, Tel. 0 56 04/64 12
Wann: ganzjährig geöffnet

Wie viel: je nach Umfang des Aufenthalts, z. B. Reiterwochenende (inkl. Übernachtung und Vollpension) ab ca. 200 €
Essen & Trinken:

Bewirtung vor Ort gehört zum Angebot
Web: www.reiterhof-hirschberg.de

Zwischen Kräutern und Schafen

Das Berkatal ist eine liebliche Gegend, die nahe Bad Sooden-Allendorf bis zum Hohen Meißner ansteigt. Bei den karstartigen »Hielöchern« (Naturschutzgebiet) mutet der kräuterreiche Magerrasen erstaunlich südlich an. Die Vegetation muss sehr schmackhaft sein, »glaubt« man den Schafen, die hier herdenweise lustvoll grasen. Orchideen (in den Monaten April und Mai) verschmähen sie. Aber all

Die Schäferidylle findet man hier auch noch im 21. Jahrhundert.

die Wildkräuter, Wacholderbüsche und der Enzian (Herbst) stehen auf ihrem Speiseplan. Kurzum: Auf dem Wanderweg P 2 begegnet man unterwegs einigen Schafen, wahlweise aber auch bei der Einkehr auf dem Teller.

Vom Jugenddorf (nahe der L 3241) führt der markierte Weg über Vockerode, Abterode zur Dammühle, den Bachlauf entlang zur Grube Gustav (→ Tipp 20/S. 43) und am Gasthaus »Frau Holle« ins Berkatal, das hier, schmal und steil, Höl-

lental heißt. Rechts lohnt der Aufstieg (100 Hm) zur Ruine Bilstein (12. Jh., schönes Panorama). Das Berkatal nach Frankershausen weiter, locken dort im »Schindewolf« Leckereien wie Lamm und Weideochse. Unweit (Parkplatz an der L 3242) zweigt ein 4-km-Rundweg zu den reizvollen Hielöchern ab. Vom Schindewolf führt der P 2 durch Wiese und Wald (nur etwas die Straße entlang) zum Jugenddorf zurück.

KARTE → B2

Was: Wanderung durchs Berkatal (Markierung P 2) **Wo:** Beginn am Jugenddorf (an der L 3241); Streckenlänge: ca. 19,5 km (mit Bilstein und Hielöchern, ohne: ca. 14 km)

Wann: Frühjahr bis Herbst, Tageswanderung **Essen & Trinken:** Gasthaus Frau Holle, Tel. 0 56 57/91 93 73 **Web:** www.werratal-tourismus.de; dort:

»Wanderungen«, dann »Rundtouren P1–P6«, Torenbeschreibung als PDF unter: www.werratal-tourismus.de/wDeutsch/pdf/p2_Original.pdf

Rundweg zu Fröschen und Frau Holle

Von den 67 Schweizen in Deutschland liegt auch eine in Nordhessen. Grund genug also, eine Wanderung zum Hohen Meißner (754 m) zu unternehmen, die, typisch für diese Gegend, um ein märchenhaftes Thema nicht herumkommt, schließlich ist dies Frau Holles Revier.

Der Premiumweg P 1 (ausgezeichnet vom Deutschen Wanderinstitut) beginnt idealerweise am Parkplatz Schwalbenthal (an der L 3241). Die 13 km lange Wanderung verläuft auf einem Rundweg im Uhrzeigersinn über das Hochplateau des Hohen Meißner und hält neben saftigen Weiden (auf denen u. a. Hyazinthen, Ginster und Arnika wachsen) etliche Panoramablicke parat.

Nach etwa 4 km tauchen am südlichsten Punkt des Weges mit den »Seesteinen« interessante Basaltformationen auf. Sie sind typisch für das Gebirge, ebenso wie 3 km weiter (beim Naturfreundehaus) die »Kitzkammer«. Der Name stammt vermutlich von den Wald-

---

Was: Rundwanderweg Hoher Meißner (P 1); Länge: 13 km, ca. 130 km, durchweg mit »P 1« markiert
Wo: über die L 3241 bzw. die L 3242 zu erreichen

Wann: beste Wanderzeit von April–Nov., im Winter ist der Weg oft schwer begehbar
Essen & Trinken: Auf knapp halber Strecke liegt der Berggasthof

Hoher Meißner, Tel. 0 56 02/24 09; April–Okt. Di–So ab 11 Uhr
Web: www.naturpark-meissner.de

Frau Holle als Verführerin? Die Märchenfigur bewahrt sich ihr Geheimnis.

käuzen ab, denn sie bewohnen sehr gerne diesen höhlenartigen Rest eines vor 5 Mio. Jahren aktiven Vulkanschlots, der auch fünf mehreckige Säulen aus Basalt hervorbrachte.

Die Kitzkammer gilt der Sage nach zudem als einer der Wohnsitze Frau Holles auf dem Meißner – nicht wundern sollte sich daher, wem eine »hohe weiße Frau« begegnet. Etwa 2,5 km weiter gelangt der Weg an den nördlichsten Punkt der Wanderung, der zugleich Nordhessens höchster ist: Auf der Kasseler Kuppe steht man mit 754 m über dem Meer.

Nach 1,5 km ist der Frau-Holle-Teich erreicht, das mit 623 m im Umkreis von 50 km höchste stehende Gewässer. Zwar gilt der schilfgesäumte Teich als Eintritt ins sagenhafte Reich der Namensge-

berin, gewiss ist hingegen nur, dass ihn zahlreiche Frösche zum Eldorado auserkoren haben. Dennoch lässt sich Frau Holle am Ufer gleich zweimal blicken. Zum einen als das Werk eines Waldarbeiters, der sie mit der Motorsäge aus dem Holz zauberte, zum anderen (seit 2004) als 3,5 m hohe Skulptur des Bildhauers Viktor Donhauser, die mit ihren sehr weiblichen Formen Aufsehen erregte und heftige Debatten auslöste. Die Frösche, die hier mit ihr leben, stört's jedenfalls nicht.

Über die Frage, wie erotisch Märchenfiguren sein dürfen, lässt sich dann – ohne den Abstecher auf den Seitengipfel Kalbe zu vergessen, der eine prächtige Aussicht bietet – auf dem 2 km langen Rückweg zum Ausgangspunkt Schwalbenthal munter diskutieren.

Loipe im Flockenland

Wer den Hohen Meißner in der Wandersaison schätzen lernte (→ Tipp 18/S. 40), wird auch im Winter auf der Loipe nicht enttäuscht. Schnee vorausgesetzt. Aber Flocken sind hier oben, in Frau Holles Revier, natürlich keine Rarität.

Der Parkplatz für Langläufer (ausgeschildert) liegt an der L 3241. Wer wachsen will, findet am Thermometer des Loipenhauses nützliche Hinweise. Läufer des klassischen Stils erwarten auf der 9 km langen Spur, die über das Hochplateau des Meißners ohne allzu große Steigungen führt, verschneite Fichtenwälder und weite Panoramen. So erreicht man etwa (auf halber Strecke) mit der Kasseler Kuppe (742 m) den höchsten Punkt der Loipe.

Die blau beschilderte 9-km-Loipe lässt sich je nach Wetter und Kondition durch zwei Querwege um ca. 3 km abkürzen (rote Markierung). Läufern, die auf Skiern den Schlittschuhschritt bevorzugen, steht ab Parkplatz eine 5 km lange Skatingstrecke zur Verfügung, die übers südliche Meißnerplateau führt.

Ganz ohne Ski kann man auf dem Winterwanderweg ab dem Loipenparkplatz eine 3,8 km lange Runde drehen. Der Weg wird für die Wanderer bei hoher Schneelage mit dem Pistenbully gewalzt.

Skaten in Frau Holles Revier – die Langlaufbedingungen am Meißner sind ideal.

KARTE → B2

Was: Langlauf auf dem Hohen Meißner
Wo: Hoher Meißner
Wann: Schneesituation erfragen
Wie viel: Um einen »Loipeneuro« fürs Spuren wird gebeten (Büchse am Loipenhäuschen)
Essen & Trinken: Berggasthof Hoher Meißner (nahe Parkplatz): Nov.–März Sa, So, feiertags und in den hessischen Schulferien ab 11 Uhr, April–Okt. Di–So ab 11 Uhr, Tel. 0 56 02/24 09
Web: www.werratal-tourismus.de

»Glück auf!« im Höllental

Das Höllental wirkt friedlicher, als der Name vermuten lässt. So verträumt wie die Gegend am Meißner bei Tage, so interessant ist sie unter Tage: In der Grube Gustav wurde vom 16. Jh. bis zur Stilllegung 1968 intensiv nach Kupferschiefer gegraben. Seit 1986 gibt sie als Besucherbergwerk Einblick in die harte Arbeit der Bergleute, die jahrhundertelang mit Pickel, Hammer und Eisen tiefe Stollen in den Berg trieben.

Anfang des 20. Jh., nun auch auf der Suche nach Baryt (Schwerspat), einem Mineral, das Verwendung z. B. für Fotopapier, Beton und als Röntgenkontrastmittel fand, wurde zunächst Tagebau betrieben. Die Gesteinslagen erforderten bald erneut das Graben im Berginneren, jedoch mit moderneren Methoden (Spreng- und Bohrtechnik). Drei neue Tiefbausohlen entstanden, aus denen das Mate-

Helm auf, und dann hinein in den dunklen Bauch des Berges.

rial über einen Förderschacht 85 m nach oben gehievt wurde.

1957 konnten zwei verschüttete Kumpel mithilfe eines Rettungsschlittens lebend geborgen werden. Der Schlitten wird, neben anderen, historischen Gerätschaften und Gesteinsproben, in der Förderkammer der Grube Gustav gezeigt. Zu besichtigen sind ebenso restaurierte Stollen und die Felsgrotte der Schutzpatronin Barbara.

> Im Luftkurort Germerode hat das spätromanische Prämonstratenserkloster (12. Jh.) samt seiner schönen Kirche (Besichtigung April–Nov.) die Spiritualität des Mittelalters bewahrt.

KARTE → B2

Was: Besucherbergwerk Grube Gustav
Wo: Höllental über die L 3242, ausgeschildert auf der B 27
Wann: 15. März–31. Okt. Di–So und feiertags

13–16 Uhr; ganzjährig nach Voranmeldung: Gruppen ab 6 Personen, Tel. 0 56 57/75 00
Wie viel: 3,50 €, Kinder 2,50 €
Essen & Trinken: Der

»Schindewolf« bringt Wild und Lamm aus der Region auf den Tisch, Berkastraße 71, 37297 Berkatal, Tel. 0 56 57/10 81
Web: www.werratal-tourismus.de

Fachwerk, Sound und Komik

Eschwege mit seinen 20 000 Einwohnern ist nicht nur dank der mit Fachwerkbauten gespickten Altstadt und des von dort rasch zu Fuß erreichbaren Werratalsees (→ Tipp 22/S. 45) sehr sehenswert. Mitten im August brummt die kleine Kreisstadt vor Publikum, wenn das Open Flair Festival mit vielen Rock- und Popkonzerten sowie Kleinkunst stattfindet.

Am zweiten Augustwochenende (Dauer: drei Tage) zieht das Open Flair dabei täglich an die 15 000 Besucher an. Das erste Festival ging noch auf Burg Ludwigstein über die Bühne, danach wurde es auf das »Werdchen«, eine Werrainsel mit großem Festplatz nahe der Eschweger Altstadt, verlegt.

Neben dem Johannisfest mit Umzug, Altstadtfest und zahlreichen Veranstaltungen (Ende Juni/Anfang Juli) ist das Open Flair Festival der größte Publikumsmagnet in Eschwege.

In den vergangenen Jahren gastierten etwa Gianna Nannini, Reamonn, die Toten Hosen und die Fantastischen Vier. Für anspruchsvolle Kleinkunst bzw. Kabarett sorgten u. a. Sissy Perlinger, Georg Ringsgwandl, Jess Jochimsen oder Matthias Deutschmann.

Bühne frei für Rock- und Popgrößen aus aller Welt.

KARTE → C2

Was: Open Flair Festival
Wo: 37269 Eschwege
Wann: 2. Augustwochenende
Wie viel: Dauerkarten, Kartentel. 0 56 51/9 61 63
Essen & Trinken: Zahlreiche Imbissstände auf dem Festivalgelände – und Restaurants in der Altstadt, als klassisches Kontrastprogramm: Café Mozart in den Salzburger Stuben, in einem Fachwerkgebäude von 1637 gegenüber dem Rathaus, Marktstr. 26, Tel. 0 56 51/3 26 36
Web: www.open-flair.de www.eschwege.de, www.werratal-tourismus.de

Wo die Werranixe in See sticht

Bequemer als Segeln, Surfen oder Rudern – und bei (fast) jedem Wetter möglich.

Idyllisch liegt in den Flussniederungen zwischen Leuchtberg im Osten und Hohem Meißner im Westen der Werratalsee. Von Eschweges Altstadt nur ein paar Fußminuten entfernt, erstreckt er sich über 2,2 km bis nahe Schwebda. An der breitesten Stelle 600 m, überdeckt er so eine Gesamtfläche von rund 1 qkm, kurzum: der ideale Baggersee für Camper (denen ein 5-Sterne-Campingplatz bei Eschwege zur Verfügung steht) und Wassersportler. Nicht nur zum Baden (zwei Sandstrände), Segeln (kleiner Jachthafen) und Windsurfen geeignet, hat ihn Hessens Ruderverband zum Leistungszentrum erkoren. Alljährlich reißen sich hier auf der Regattastrecke (bis 2000 m) bei den hessischen Meisterschaften die Ruderer am Riemen. Extrem sportlich geht es auch beim Triathlon »Werraman« zu, der jedes Jahr im August stattfindet.

Die 7 km um den See auch ohne Wettkampf zu wandern, zu joggen oder radzufahren, ist von nicht minderem Reiz. Vom schmalen Landstreifen etwa, der den See von der Werra trennt, zeigt sich ein Blick aufs gegenüberliegende, sanft ansteigende Uferhinterland mit Schloss Wolfsbrunnen. Am geruhsamsten lässt sich das Gewässer an Bord der »Werranixe« queren – bei jedem Wetter und auch trockenen Fußes.

KARTE ⟶ C2

Was: Werratalsee; Werranixe für 50 Fahrgäste, Anlegestellen Eschwege und Meinhard/Schwebda
Wo: 37276 Eschwege
Wann: Werranixe: im Sommer tgl. nachmittags, Fahrt dauert jeweils eine Stunde
Wie viel: Werranixe: 6 €, Kinder bis 13 Jahre 3,50 €
Essen & Trinken: Kaffee und Kuchen, kleine Snacks an Bord der Werranixe
Web: www.werranixe.de
www.werraman.de
Campingplatz am See:
www.knauscamp.de

Romanisches Kleinod im ehemaligen Grenzgebiet

Gleich, ob man sich auf (bzw. entlang) der Werra von Eschwege und Wanfried oder von Eisenach und Creuzburg nähert: Längst ist Treffurt ein beliebtes Ziel von Fahrrad-, Wander- und Kanutouren. Nicht zufällig führt die Deutsche Fachwerkstraße durch die Stadt, deren prächtiges Rathaus (16. Jh.) ebenso ein Blickfang ist wie z. B. das »Ohrfeigenhaus« (17. Jh.). Älter ist Burg Normannstein mit ihren markanten Türmen, einem runden und zwei viereckigen, alles rot bedacht. Im Kern wohl vor dem 10. Jh. entstanden, erweiterten und bezogen die Ritter zu Treffurt, die als Vögte der Thüringer Landgrafen dienten, um 1200 das romanische Gemäuer. Gründlich renoviert, ist nun auch die Festung für Besucher wieder zugänglich. 2008 eröffnete im Tor- und Kapellengebäude ein stilvolles Lokal. Und im größeren der Vierecktürme ist die Dauerausstellung »Werraburgen über Werrafurten« untergebracht, die beredte Beispiele für das einst höfische Leben liefert. Vom Obergeschoss dieses Turms bietet sich zudem eine treffliche Aussicht auf Treffurt und ins Werratal.

Stolz thront Burg Normannstein über dem Werratal.

KARTE → C2/3

Was: Burg Normannstein
Wo: Treffurt, Info bei Tourist-Information Treffurt, Tel. 03 69 23/5 15 42
Wann: Gelände ist ganzjährig zu besuchen, Turm und Ausstellung von April–Okt. tgl. 11–17.00 Uhr
Wie viel: Gelände ist frei zugänglich, Turmbesteigung und Ausstellung im Turm 1,50 €, Kinder bis 14 Jahre, Besitzer Thüringen-Card frei; Führungen nach Anmeldung möglich, Tel. 03 69 23/5 15 42
Essen & Trinken: Burgrestaurant (mit Außenbewirtung), tgl. außer Di 11–23 Uhr, Tel. 03 69 23/ 8 38 99
Web: www.treffurt.de

Wie die alten Rittersleut'

Lebendig wird das Mittelalter bei einem Besuch auf Burg Tannenberg (meist Tannenburg genannt), die das Ende oder besser den Auftakt für den Werra-Burgen-Steig (Markierung X5), einen der großen deutschen Fernwanderwege aus der Zeit der Wandervogelbewegung, bildet. Der Rahmen passt bestens: Anfang des 14. Jh. vom Hersfelder Abt auf Resten eines Vorgängerbaus errichtet, erhielten die Ritter von Baumbach die Festung bald als Lehen. Die exponierte Lage und massive Gestalt der Burg bewährten sich in etlichen Fehden mit den aufmüpfigen Rittern des »Sternerbundes«, die gegen die hessischen Landgrafen opponierten. Die Baumbachs nahmen mal für die eine, mal für die andere Seite Partei.

Danach verfiel die Burg. Seit einiger Zeit nun gehört das Anwesen dem »Verein der Freunde des Tannenberg«, der nach gründlicher Renovierung eine veritable Erlebnisburg daraus machte. Seitdem wird hier in Schmiede und Stall, Weinkeller und Küche mittelalterliches Leben in stilechter Kleidung zele-

Mittelalter zum Anschauen und Mitspielen bietet die Erlebnisburg Tannenberg.

briert, Zuschauen erlaubt. Auch aktive Teilnahme beim Bogenschießen, Minnegesang oder den urigen Festen ist erwünscht. Wer mag, kann das Gemäuer samt Mägde- und Knechtschaft auch mieten.

Was: Burg Tannenberg
Wo: Tannenberg 2, 36214 Nentershausen, Tel. 0 66 27/86 93, Mo–Sa 10–12 Uhr
Wann: März–Ende Dez. Di–Fr 10–12, Mi auch 16–21, So/feiertags 12–21 Uhr (Sa meist vermietet); Karfreitag, 24./25. Dez. geschl.
Wie viel: (als Spende) 1 €, Kinder ab 4 Jahre 0,50 €; Burgführung (ab zehn Personen) 2 €; Burgmiete auf Anfrage

Essen & Trinken: Wirtshaus und Biergarten in der Burg: Mi ab 17, So/feiertags ab 12 Uhr
Web: www.tannenburg.de

Elisabeths letzter Komfort

Auf der Creuzburg kommt man Elisabeth von Thüringen besonders nahe. Mag die Wartburg der Aufenthaltsort beider gewesen sein: Luthers und (300 Jahre zuvor) Elisabeths – die Creuzburg ist historisch ganz von der legendären Landgräfin (1207–1231) geprägt. Hier gebar sie die beiden älteren ihrer drei Kinder Hermann, Sophie und Gertrud. Und hier lebte sie zuletzt mit ihrem Gatten Ludwig IV. (1200–1231), der ebenfalls auf der Burg zur Welt gekommen war und der unterwegs im Kreuzzug Kaiser Friedrichs II. an einer Seuche in Italien starb.

Durch missgünstige Verwandte verstoßen, lebte Elisabeth darauf völlig mittellos in Eisenach, bevor sie ihrem Beichtvater Bischof Konrad von Marburg folgte und unter dem Schutz Papst Gregors IX. bald völlig selbstlos als Spitalschwester Leprakranke in Marburg pflegte.

Dort starb sie ausgezehrt im jungen Alter von 24 Jahren. Hochverehrt, wurde sie nur vier Jahre später heiliggesprochen.

Deutlich nach Elisabeth fand sich dieser sinnenfrohe Putto auf der Burg ein.

Die romanische Creuzburg wurde 1165–1170 über der gleichnamigen Stadt erbaut. 1921 kam sie in Privatbesitz. Zu DDR-Zeiten enteignet, wurde sie von einem rührigen Verein erhalten. In der schön restaurierten Anlage befinden sich nun ein Hotel, die Tourist-Information und ein Museum.

> Die 86 m lange Creuzburger Werrabrücke (1223) ist die älteste erhaltene Natursteinbrücke in den neuen Bundesländern.

KARTE → C3

Was: Burg Creuzburg
Wo: 99831 Creuzburg (Fremdenverkehrsbüro Tourist-Information, Tel. 03 69 26/9 80 47)
Wann: Museum: April–Okt. Di–So 10–17,

Nov.–März: Sa und So 10–16 Uhr
Wie viel: Museum: 4 €, Kinder 2 €, Gruppen je erwachsener Person 3 €, Kinder 1,50 €, Führungen pauschal 20 €

Essen & Trinken: Restaurant im Burghotel sowie ein Biergarten
Web: www.creuzburg-online.de
www.burg-creuzburg.de

Golfen mit Schiller

Golfern ist stets an der Verbesserung ihres Handicaps gelegen. Die Ablenkung durch eine besonders reizvolle Landschaft gehört wiederum zum Handicap mancher Golfplätze. So auch des 9-Loch-Platzes im lauschigen Dorf Willershausen, das mit seiner spätgotischen Wallfahrtskirche zwischen Ringgau und Thüringer Wald liegt. Die hessische Gemeinde befand sich 40 Jahre lang im Dornröschenschlaf an der innerdeutschen Grenze. Der Blick von hier zur 12 km Luftlinie entfernten Wartburg wirkte wie der auf eine Fata Morgana. Längst ist das Weltkulturerbe ein leicht erreichbares Nahziel, ebenso Creuzburg und Mihla an einer der schönsten Werrapassagen. Die Willershäuser Wasserburg, von der ein massiver Turm (13. Jh.), Wohngebäude und Wassergraben erhalten sind, gehörte vom 14. Jh. bis 1757 der weitverzweigten Familie Treusch von Buttlar. Seit 1997 von einem Naturgolfplatz umgeben, wird das Anwesen sommers auch für Aufführungen der »Räuber« genutzt, die indirekt hier ihren

Ursprung haben: Schillers Drama war weiland von Daniel Schubarts Erzählung »Zur Geschichte des menschlichen Herzens« (1775) inspiriert. Darin geht es um den Untergang einer Adelsfamilie, bei der es sich wohl um die Treuschs von Buttlar handelte. Echte Golfer wird dies nicht irritieren – eher beflügeln, ihr Handicap zu verbessern.

Vom Fehde- zum Golfhandschuh: ein echter Fortschritt ...

KARTE → C3

Was: Golf Gut Willershausen (9-Loch-Platz)
Wo: Bergring 4, 37293 Herleshausen/Willershausen, Tel. 0 56 54/9 20 40
Wann: März–Nov., Aug.:

Aufführungen der »Räuber« von Schiller
Wie viel: Tages-Greenfee: 33 €, Sa, So, feiertags 39 €
Essen & Trinken: im Gutsgebäude

Web: www.golf-gut-willershausen.de
www.golf.de/golffuehrer/clubs/club_detail.cfm?clubnr=6647

Ruhepol für Genießer im Ringgau

»Der tiefe Frieden der Landschaft umfängt den Menschen und lässt in seiner Seele Saiten erklingen, die sonst von dem Hasten der Welt übertönt werden« – so wird sie beschrieben, die in unendliches Grün getauchte Hügellandschaft im Herzen Deutschlands. Schon die Brüder Grimm ließen sich hier in diesen sagenumwobenen Wäldern zwischen Eisenach und Eschwege zu ihrer Märchensammlung inspirieren, und schon immer residierten im Ringgau adelige Familien auf ihren Burgen, Schlössern und Gutshöfen.

In diesem herrlich idyllischen Winkel »versteckt« sich Hotel Hohenhaus, eines der nobelsten deutschen Landhotels. Das einstige,

---

KARTE → C3

Was: Hotel Hohenhaus
Wo: 37293 Holzhausen,
Tel. 0 56 54/98 70;
Golfplatz: Golfclub
Willershausen,
Bergring 4, 37293
Herleshausen,

Tel. 0 56 54/9 20 40
Wann: ganzjährig geöffnet, außer drei Wochen im Jan.
Sonstiges: Weinproben, Kochseminare, Kochkurse für Kinder

Essen & Trinken: Restaurant der Spitzenklasse
Web: www.hohenhaus.de

Abtauchen aus dem Alltag, eintauchen in eine erholsame, milde Natur.

»Feinschmecker« ausgezeichnet wurde und die seit 1995 ein Michelin-Stern ziert.

Viele Aktivitäten bietet das Hotel an, und stets haben sie ein genießerisches Element. Bei Wanderungen – von einem echten Förster begleitet – darf der Picknickkorb für Gourmets nicht fehlen, wie bei Kutschfahrten durch die nordhessische Hügellandschaft die Flasche Champagner. Ingo Bockler, Küchenchef des Hauses, lädt die Gäste ein, mit ihm Nüsse zu sammeln, und verrät im nachfolgenden Kochkurs auch gerne das Rezept zur Herstellung der berühmten Schwarzen Nüsse.

Überhaupt die Kochkurse und -seminare: Sie werden das Jahr über nicht nur großen Feinschmeckern angeboten, sondern auch Kindern und Jugendlichen, die hier spielerisch und anhand einfacher Rezepte an den Umgang mit frischen Lebensmitteln herangeführt werden. Komplettiert werden diese ersten Erfahrungen als kleine Köche mit Zusatzangeboten, so z. B. dem »Easy Tischknigge« oder der »Kräuter-zu-Fuß-Safari«. Abschluss eines jeden Kochseminars ist ein gemeinsames Essen, das für Geist und Gaumen eine prägende Erinnerung bleiben wird.

bereits im 16. Jh. errichtete Rittergut wurde 1901 zum Landschloss im damals beliebten britischen Cottagestil umgestaltet, mit riesigem Park und Hühnerhaus in Anlehnung an ein viktorianisches Schlösschen. Architekt Jochen Jourdan wandelte es samt Nebengebäuden 1982 in ein gemütliches Landhotel um, das höchsten Ansprüchen genügt. Sechs der 26 geschmackvoll und großzügig eingerichteten Gästezimmer sind im Gutshaus gelegen, die anderen (sowie ein Hallenbad) im ehemaligen Pferdestall.

Seit 1990 ist Hohenhaus Mitglied des renommierten Hotelverbunds Relais & Châteaux. Klar, dass da auch an die Küche besondere Erwartungen gestellt werden dürfen, deren kreative Leistungen vom

Radeln auf Schienen

Die »Kanonenbahn« war Ende des 19. Jh. ein militärisches Schienengroßprojekt des Zweiten Kaiserreichs, das, die großen Ballungsräume meidend, von Berlin bis ins lothringische Metz führte. Als Teilstrecke davon blieben einige Gleiskilometer des einstigen Abschnitts

Auf dem Lengenfelder Viadukt kommt zum Tretspaß noch eine tolle Aussicht.

zwischen Dingelstädt und Eschwege übrig – keineswegs mehr martialisch genutzt, sondern längst stillgelegt, inmitten einer lauschigen und ganz und gar friedlichen Landschaft.

Vom thüringischen Ort Lengenfeld unterm Stein bietet sich die eingleisige Strecke für beschauliche Draisinentouren an. Radfahren auf Schienen ist so ziemlich das Gegenteil von Mountainbiken im Wald oder Kilometerbolzen auf Landstraßen. Gemächlich geht es dahin und sollte es eine der zehn Draisinen (4- und 7-Sitzer, jeweils mit zwei Pedalplätzen) eiliger haben als die vordere, muss bis zur nächsten Haltestelle (alle 2 km) gewartet werden.

Zwei Routen sind befahrbar, auf der kürzeren nach Geismar gilt es, hin und zurück 7 km zu bewältigen. Die längere Strecke (mit Rückweg 20,5 km) führt durch vier Tunnels und über Viadukte und hohe Dämme mit Aussicht auf die reizvolle Landschaft des Eichsfelds. Auf demselben Weg geht es leicht bergab (107 Höhenmeter) zurück.

KARTE → D2

Was: Draisinentour auf der »Kanonenbahn«
Wo: Bahnhof Lengenfeld/Stein; Tel. 03 60 27/ 7 88 66
Wann: 1. April– 31.Okt.; Route 2 (Dauer 1 Stunde):

tgl. ab 10 Uhr; Route 1 (3,5 Stunden): Abfahrt tgl. 10–11 und 14–15; Juni–Aug. auch ab 18 Uhr, ab 1. Nov. nach Voranmeldung
Wie viel: Route 1: ab 32 €

je 4-Sitzer, ab 56 € je 7-Sitzer, Route 2: ab 14 € je 4-Sitzer), 24 € je 7-Sitzer; Preisnachlass pro Kind bis 15 Jahre: 1,50 €
Web: www.erlebnis-draisine.de

Nostalgie in Rennpappe

Ein Museum zum Anfassen und Losfahren – das Trabifahrgefühl ist Kult.

Natur und Technik, der alte Widerspruch: Wem nach all der Natur im Nationalpark Hainich (→ Tipp 30/ S. 54) nach etwas Technik zumute ist, sollte das Trabi-Paradies in Weberstedt ansteuern. Gewissermaßen wird hier der Widerspruch, vielleicht nicht dialektisch, so doch historisch-materialistisch aufgehoben. Denn nostalgisch betrachtet, mutet der Trabi ja selbst schon wie ein natürliches Relikt der DDR an. Als mobiles Fossil.

Das von 1957 bis 1991 im Horch-Nachfolger Sachsenring Zwickau gebaute Auto, ursprünglich als östliche Antwort auf den Erfolg des VW-Käfer gedacht, wurde spätestens mit der Maueröffnung 1989 zur Legende. Unvergessen, wie der Trabi Abertausende freudige Menschen tapfer in den Westen kutschierte. So gewannen auch viele »Wessis« den Trabant (wie er richtig heißt) bald lieb.

Von den über 3 Mio. gebauten »Rennpappen« (zu DDR-Zeiten waren sie Mangelware, ihre Auslieferung dauerte Jahre) sammelte nach der Wiedervereinigung ein Privatmann Dutzende. Diese Trabi-Sammlung bildet den Grundstock des Museums, das in einer 900-qm-Halle (auf einstigem Armeegelände der NVA) viele Sondermodelle zeigt, z. B. Umbauten zum Krankenwagen, Feuerwehrauto oder texanischen »Police-Car«.

KARTE → D3

Was: Trabiparadies
Wo: Hainichstr. 2, 99947 Weberstedt, Tel. 03 60 22/9 80 60
Wann: 1. April–31. Okt.: tgl. 10–18; 1. Nov.–31. März tgl. 10–16 Uhr

Wie viel: 2,50 €, ermäßigt 1,50 €, Familienkarte 6,50 €, Kinder bis 6 Jahre frei, mit Sonderausstellung 3,50 €, ermäßigt 2,50 €, Familienkarte 7,50 €

Essen & Trinken: Café im Gebäude
Web: www.trabiparadies.de

Wipfel auf Augenhöhe

Bei Illmenau, im Nordosten des Thüringer Waldes, schrieb Goethe »Über allen Wipfeln ist Ruh'«. Wie es sich wortwörtlich mit dem bekannten Poem verhält, lässt sich trefflich auf dem Baumkronenpfad im Nationalpark Hainich überprüfen.

Schwindelfreiheit vorausgesetzt, erwartet den Besucher ein eindrucksvolles Naturerlebnis. Ausgangs- und Endpunkt des ca. 300 m langen Rundweges (wird auf 450 m erweitert) ist der 44 m hohe, weithin sichtbare »Baumturm«, der den überwiegend aus Rotbuchen bestehenden Nationalpark Hainich (mit 16 000 ha Deutschlands größter Laubwald) überragt und der, neben Informationen zur Waldgeschichte, erstklassige Blicke über das Thüringer Becken bis ins Eichsfeld und zum Thüringer Wald bietet.

Der Baumkronenpfad eröffnet völlig neue Perspektiven auf den Wald.

KARTE → E3

Was: Baumkronenpfad im Naturpark Hainich
Wo: via B 84 bis Waldparkplatz Thiemsburg (beschildert). 10 Min. Fußweg
Wann: ganzjährig außer am 24. und 31. Dez. und aus Wettergründen, Tel. 0 36 03/83 44 24, 1. April–31. Okt. 10–19, 1. Nov.–31. März 10–16 Uhr, Hunde auf dem Pfad nicht erlaubt

Wie viel: 6 €, Kinder bis 6 Jahre frei, Familienkarte 16 €, ermäßigt 4 €
Essen & Trinken: Lokal beim Eingang
Web: www.nationalpark-hainich.de

Am modernen Fließband arbeiten Roboter und Menschen »Hand in Hand«.

Corsas Schmiede

Als die Adam Opel AG nach der Wiedervereinigung ein hochmodernes Werk in Eisenach eröffnete (1992), war das natürlich kein Zufall. In der Stadt werden seit 1898 Kraftfahrzeuge gebaut. 1928 erwarb BMW das Fahrzeugwerk, in dem bis dahin der kleine Dixi gebaut wurde. BMW, bislang nur Motorenproduzent, entwickelte aus dem Dixi den ersten 3er BMW und damit den ersten BMW-PKW. Bis 1946 (Enteignung in der sowjetischen

> Die Geschichte des örtlichen Automobilbaus vermittelt das Museum »automobile welt eisenach« auf dem ehemaligen AWE-Gelände.

Besatzungszone) betrieb BMW in Eisenach ein Zweigwerk, in dem auch der legendäre Sportwagen 328 entstand. Der Markenname BWM wurde in der DDR noch bis ins Jahr 1952 beibehalten, dann in EMW (Eisenacher Motorenwerk) und 1953 in Automobilwerk Eisenach (AWE) umbenannt, das bis 1991 den »Wartburg« produzierte. Wie es mit dem Opelwerk nach der Finanzkrise weitergeht, war bis Redaktionsschluss noch nicht sicher.

KARTE ⟶ D3

Was: Werksbesichtigung
Wo: Adam-Opel-Str. 100,
99817 Eisenach, Tel.
0 36 91/6 60; Automobile
Welt Eisenach: Friedrich-Naumann-Str. 10,
99817 Eisenach, Tel.

0 36 91/7 72 12
Wann: Voranmeldung,
Mo–Sa 11 und 14 Uhr, Museum: Di–So 11–17 Uhr
Wie viel: 2,50 €, Jugendliche ab 16 Jahre und Gruppen ab 10 Personen 2 €;

Museum: 3 €, ermäßigt 2
€, Kinder ab 6 Jahre 1,50 €
Web: www.opel.de/
experience/werkstour/
eisenach/index.act
www.ame.eisenach
online.de

Auf dem Sattel durchs untere Werratal

Vor der Vereinigung mit der Fulda hat sich die Werra für ihr unteres Drittel einen besonders schönen Flusslauf gewählt. In ihrem vielfach geschwungenen Tal, von etlichen Burgen gesäumt, liegen kleine Dörfer und Städte, mit reichlich Fachwerk geziert. Immer die Werra entlang, misst die Radtour von Eisenach bis Hann. Münden ca. 110 km, die gut in zwei Tagen zu schaffen sind. Auf halber Strecke (nach 55 km) liegt Eschwege. Von Eisenach (sehenswert: Wartburg,

Bach- und Lutherhaus) sind es 7 km bis Hörschel, wo die Hörsel in die Werra mündet. Unter der A 4 hindurch, ist nach weiteren 7 km Creuzburg mit seiner mittelalterlichen Brücke erreicht. Der Radweg führt vorbei am Stiftsgut Wilhelmsglücksbrunn, einer alten Saline, die heute eine Fahrradherberge, einen gut sortierten Bioladen und ein hübsches Radlercafé beherbergt. Nach Creuzburg wartet die Werra 22 km lang mit etlichen Schleifen, vorbei an Mihla und durch eine

Schützt der goldene heilige Georg auf dem Eisenacher Marktplatz auch Radler?

KARTE → D3

Was: Radtour von Eisenach nach Hann. Münden
Wo: Werratal (Thüringen/Hessen/Niedersachsen); Tag 1: Eisenach, Hörschel, Creuzburg, Mihla,

Treffurt, Wanfried, Eschwege; Tag 2: Bad Sooden-Allendorf, Werleshausen, Witzenhausen, Hann. Münden
Wann: beste Zeit für die Radtour: Mai–Sep.

Essen & Trinken: Zahlreiche Lokale an der Strecke
Web: www.werratal-tourismus.de
www.werratal.de

In Wanfried erwartet den Radler ein passendes Kunstwerk am Werraufer.

wunderbar verschlafene Gegend, bis Treffurt auf. Dort beeindrucken v. a. das imposante Fachwerkrathaus aus dem 16. sowie Burg Normannstein aus dem 12. Jh. Gleich danach verlassen Werra und Radtour Thüringen und erreichen nach 11 km Wanfried in Hessen. Die Schlagdhäuser (17. Jh.) am Ufer stammen aus Wanfrieds Zeit als Handelsplatz mit Hafen. Bis Eschwege sind es nun noch 8 km, dort liegt direkt am Werratalsee ein komfortabler Campingplatz. In der hübschen Fachwerkaltstadt (10 Fußminuten) lässt sich ein Abend bestens verbummeln.

Der zweite Tag führt die Strecke 16 km nach Bad Sooden-Allendorf (sehenswert: Gradierwerk und rechts der Werra der Marktplatz). 2 km abseits der Route bietet sich ein Besuch des Grenzmuseums »Schifflersgrund« am einstigen Todesstreifen an.

Wie schon seit Eschwege macht die Werra auch auf den nächsten 17 km viele Bögen durch die Hügel der Landschaft, gegenüber Werleshausen thront mächtig auf einem davon die Jugendburg Ludwigstein. Bei einer Erfrischung oben lässt sich die Ruine Hanstein (Thüringen) erblicken. Nur 6 km weiter könnte im Obststädtchen Witzenhausen ein Stück Kirschkuchen die passende Stärkung für die letzten 18 Werrakilometer sein. Dann nämlich ist Hann. Münden in Niedersachsen erreicht. Vor Besichtigung der historischen Altstadt (ca. 700 Fachwerkbauten) böte, am Zusammentreffen mit der Fulda, der Weserstein einen trefflichen Abschied von der Wegbegleiterin Werra.

Klangwelten am Frauenplan

Auch wenn Johann Sebastian Bach (1685–1750) nicht in diesem, sondern in einem 100 m entfernten, nicht erhaltenenen Gebäude geboren wurde: Lohnenswert ist ein Besuch des Hauses am Frauenplan allemal. 1907 von der Neuen Bachgesellschaft eröffnet, war es das erste Museum überhaupt, das den genialen Tonsetzer und späteren Leipziger Thomaskantor würdigte, der seine ersten zehn Jahre in Eisenach verbrachte. Zu dieser Zeit galt das Gebäude tatsächlich als Bachs Geburtshaus, erst spätere Forschungen widerlegten diese Annahme.

Dem um 1600 aus zwei Vorgängerbauten entstandenen Gebäude haftet die Aura der Bachepoche an, und auch der gewagt moderne Anbau (seit 2007) mindert dies nicht. Ob die Symbiose äußerlich gelungen ist, sei dahingestellt, auf jeden Fall ergänzt sich hier inhaltlich die den Kosmos Bach umzirkelnde Themenvielfalt bestens mit den technischen Möglichkeiten von heute.

Die Sammlung des Museums (zu der auch eine umfangreiche Bibliothek gehört) zählt an die 400 historische Instrumente, von denen etliche im Parterre des zweigeschossigen älteren Baus zu besichtigen sind. Hier finden auch stündlich Vorführungen an Tasteninstrumenten der Barockzeit statt (darunter zwei Hausorgeln und ein Silbermann-Spinett).

Das Obergeschoss ist Bachs Leben und Werk gewidmet (vom Stammbaum bis zu Originalpartituren). Räumlichkeiten wie Küche, Schlaf- und Komponierzimmer sind mit originalem Mobilar eingerichtet. Unter den Gerätschaften lassen sich viele entdecken, die in den Haushalt einer Musikerfamilie gehörten, ein Reisespinett etwa oder eine spezielle Gabel, die, in ein Tintenfass getaucht, weiland Notenlinien aufs Papier zauberte.

Ein Raum widmet sich dem grauslichen Tod Bachs, dessen Erblindung ein dubioser Heilkundler durch Schnitte in den Augapfel und das Einträufeln von Taubenblut (und Schlimmerem) vergeblich zu heilen trachtete.

Weniger düster wartet der Neubau mit interaktiven Finessen auf, die u. a. in Bachs Orgel- und Orchesterwerke, Kammermusik, Kantaten und in die »Kunst der Fuge« einführen. Zahlreiche historische Tondokumente erlauben unmittelbare

---

KARTE → D3

Was: Bachhaus Eisenach
Wo: Frauenplan 21, 99817 Eisenach,
Tel. 0 36 91/7 93 40
Wann: tgl. 10–18 Uhr; 24. und 31. Dez. 10–14 Uhr

Wie viel: 6 €, ermäßigt 3,50 €, Familienkarte 12 €, Kinder unter 6 Jahre frei; Vorführungen an historischen Instrumenten sind dabei inklusive; gut sortierter

Museumsshop
Essen & Trinken: Museumscafé »Kantate« im Eingangsbereich
Web: www.bachhaus.de

Vergleiche der Aufführungspraxis seines Œuvres. Bestens relaxen lässt sich in von der Decke hängenden »Tonkugeln« (»Bubble Chairs«), die als bequeme Sessel zum akustischen Eintauchen in Bachs Klangwelten verlocken.

Ein Höhepunkt des Rundgangs durch die neuen Räumlichkeiten des Bachhauses ist das Stehkino, in dem berühmte Aufnahmen von Bachkonzerten gezeigt werden. So verschmelzen Musik, Bild und Bewegung zu einer dreidimensionalen Erfahrung.

Aktiv kann sich der Besucher hier ebenfalls »einmischen«. Ein Mischpult ermöglicht es dem technisch Interessierten, Bachs Musik interaktiv zu bearbeiten.

2008 war dieses Lichtkunstwerk Ingo Brackes zu sehen: Ein Notenblatt aus der Feder Johann Sebastian Bachs illuminiert den Neubau des Bachhauses in Eisenach.

Mutprobe und einmaliges Erlebnis – Tandemsprung aus Thüringens Himmel.

Thüringen von oben

Zwischen dem Nationalpark Hainich und dem Nordostrand des Thüringer Waldes gelegen, bietet sich vom kleinen Airport Eisenach-Kindel ein Rundflug über viele Themen dieses Buchs an. 1934 eröffnet, diente der Flugplatz lange Zeit militärischen Aufgaben: bis Kriegsende 1945 der Reichsluftwaffe und (erweitert) 1961 bis 1991 der Sowjetarmee.

Als Relikt aus militärischer Zeit misst die 55 m breite Landebahn komfortable 1720 m Länge, die Maschinen bis max. 20 t Bruttogewicht anfliegen dürfen. Heute rein zivil, wird der Verkehrslandeplatz v. a. für Rund- und Geschäftsflüge, als Helikopterlandeplatz sowie von Sportfliegern und Fallschirmspringern genutzt.

Kürzere Rundflüge besichtigen die Wartburg aus der Luft. Der Flug (z. B. mit einer Piper PA-28) zur Werraquelle könnte folgende Route nehmen: mit Südkurs auf den Großen Inselsberg (916 m), dann den Rennsteig entlang. Nun werden

---

KARTE → D3

Was: Rundflug über Rennsteig, oberes Werratal und Eisenach
Wo: Flugplatz Eisenach-Kindel
Wann: ganzjährig
Wie viel: Rundflüge (inkl.

drei Passagiere): zur Wartburg ab 65 €; zu Werraquelle und Werratal: 235 €; Anbieter z. B.: Fly-Point Flugservice Haufe, Tel. 03 69 20/ 8 11 11

Essen & Trinken:
Bistro auf dem Flugplatz
Web: www.flugplatz-eisenach.de
www.fly-point.de
Fallschirmspringerclub:
www.fscdaedalus.de

im Wintersportort Oberhof die Sprungschanzen, die Bobbahn und der neue Skitunnel erkennbar, östlich liegt Ilmenau. Weiter über die höchsten Thüringer-Wald-Gipfel Schneekopf (978 m) und Großer Beerberg (982 m) über Schmiedefeld und die Talsperre Schönbrunn ist südlich des Kurortes Masserberg die Werraquelle am Eselsberg (841 m) erreicht.

Von dort dem Flusslauf über Eisfeld, Hildburghausen, Themar (mit Kloster Veßra) folgend, geht es nun einige Flugminuten Richtung Westen, während sich durch die Frontscheibe (in ca. 30 km Entfernung) die höchste Erhebung der Rhön, die bei schönem Wetter von Segel- und Drachenfliegern umschwirrte Wasserkuppe (950 m), erkennen lässt.

Bei Meiningen, dessen Schloss Elisabethenburg, dessen Theater und quadratischer Marktplatz mit kleiner Kathedrale gut auszumachen sind, nimmt der Flug über die Werra nördlichen Kurs. Nach Wasungen zeigen sich schon bald Schmalkalden im Osten und geradeaus die Breitunger Seen.

Die Werraroute über Bad Salzungens Gradierwerk verlassend, wird in der Ferne der Nordzipfel des Thüringer Waldes erkennbar, auf dem die Wartburg thront. Nach einem Blick auf die Luther- und Bachstadt Eisenach bietet sich noch ein Schlenker über die A 4, wieder zur Werra an.

Über den Hainich und den Baumwipfelpfad bei Craula schwebend, setzt der Rundflug nach gut einer Stunde zur Landung am Ausgangspunkt an.

Weitere Flüge über Thüringen führen in den Norden, z. B. zum sagenhaften Kyffhäuser.

Legendenhort mit Keimzelle der Neuzeit

Steil ist der Weg zur Wartburg, beschwerlich und schweißtreibend. Der 2008 erwogene (und durchaus nachvollziehbare) Plan, hier hinauf eine Standseilbahn zu bauen, wurde wieder verworfen. Das Gütesiegel »Weltkulturerbe« (seit 1999) sollte nicht (wie in Dresden) gefährdet werden. Ludwig der Springer, so steht zu vermuten, hätte einer Seilbahn auch nicht zugestimmt, als er Ende des 11. Jh. die Burg errichten ließ. Ihre schiere Uneinnehmbarkeit war ein Gütesiegel des Mittelalters.

Viel hat sich hier ereignet: Zur höfischen Blütezeit um 1200 sollen beim »Sängerkrieg« auf der Wartburg die damals bedeutendsten Dichter (u. a. Wolfram von Eschenbach, Walther von der Vogelweide) mit Worten gefochten haben. Gesicherter ist, dass Elisabeth von Ungarn (1207–1231) ihre Kindheit hier am Hofe ihres künftigen, sieben Jahre älteren Gatten Ludwig IV. verbrachte. Zur Hochzeit (1221) erschien eigens Stauferkaiser Friedrich II. auf der Wartburg. Nach Ludwigs Tod von der Familie verstoßen, opferte sich Elisabeth unter Anleitung ihres Beichtvaters Konrad von Marburg für Arme und Kranke auf und gab ihr gesamtes Vermögen dahin. Vier Jahre nach ihrem frühen Tod wurde sie heiliggesprochen. Richard Wagner ver-

Oft entdeckt man Überraschendes beim Spaziergang durch die weitläufige Burg.

KARTE → D3

Was: Wartburg
Wo: Eisenach
Wann: Führungen: März–Okt. 8.30–17, Burgtor schließt um 20, Nov.–Feb. 9–15.30, Burgtor schließt um 17 Uhr (letzte Führung 24. Dez. um 11 und 31. Dez. um 14 Uhr)
Wie viel: Palasführungen: 8 €, Schwerbehinderte 7 €, Schüler/Studenten 5 €, Familien 21 €, Gruppen ab 25 Personen 4,50 €
Essen & Trinken: Bewirtung im Gadem (Gästehaus) auf der Burg
Web: www.wartburg-eisenach.de

schmolz den Sängerkrieg mit Elisabeths Vita zur Oper »Tannhäuser«. 1817 und im Revolutionsjahr 1848 trafen sich Hunderte Studenten, die einen vereinten Nationalstaat und eine freiheitliche Verfassung forderten, auf der Wartburg. Großherzog Carl Alexander von Sachsen-Weimar-Eisenach (1818–1901) ließ sie in der zweiten Hälfte des 19. Jh. gründlich umbauen. So zeigt sich der Palas heute nur mehr im Erdgeschoss (Rittersaal, Speisesaal) in etwa im Originalzustand. Hingegen kamen die Fresken des Sängersaals und der Festsaal um 1855 (Moritz von Schwind) und Mosaiken der Elisabeth-Kemenate gar erst 1901 auf die Burg.

Authentisch ist der bekannteste Raum der Wartburg im Fachwerkbau der Vogtei. Seine Berühmtheit verdankt sich dessen zeitweiligem Bewohner und den Umständen, die ihn hierher führten: Der einstige Augustinermönch Martin Luther hatte es am 18. April 1521 auf dem Wormser Reichstag vor Kaiser Karl V. abgelehnt, seine Thesen gegen den Papst zu widerrufen. Daraufhin für »vogelfrei« erklärt, trat er die Heimreise nach Wittenberg an, freies Geleit wurde ihm zugesichert. Vorsichtshalber ließ ihn unterwegs sein Protegé, Sachsens Friedrich der Weise, »entführen«. Als »Junker Jörg« bis März 1522 inkognito auf der Wartburg, übersetzte Luther das Neue Testament binnen elf Wochen ins Deutsche. Das Ergebnis war ein Meilenstein der Reformation und ein Quantensprung des Hochdeutschen, wovon die Sprache noch immer zehrt. – So eindrucksvoll die Räumlichkeiten des Palas auch sind, die spartanische Lutherstube ist eine Keimzelle deutscher Kulturgeschichte der Neuzeit. Das dürfte selbst der heutige Papst abnicken.

Wenige Mauern bergen so viel deutsche Geschichte wie jene der Wartburg.

Wandern und Wassersport im Werratal

Nicht von ungefähr hat Breitungen (933 erstmals erwähnt, 5100 Einwohner) eine Seerose im Wappen. Südlich und nördlich des Dorfs stehen der Werra einige Seen beiseite, die teils natürlichen Ursprungs, teils künstlich geschaffen sind. Auswaschungen 100 m tief gelegener Salzkammern im Untergrundgestein führten in früheren Zeiten zu Einstürzen, die zwischen dem heutigen Breitungen und Bad Salzungen eine Seenlandschaft im Werratal entstehen ließen – ein geologischer Prozess, der noch immer Absenkungen bewirken kann. Dennoch: Schön gelegen sind der so entstandene Vordere und Hintere See, beide südlich Breitungens, gleich hinter der Bahnhofsstraße.

Reich von Schilf gesäumt und mit See- und Teichrosen bedeckt, lassen die beiden Gewässer (18 ha Fläche, bis zu 4 m tief) nicht mehr erkennen, dass sie in den Fünfzigerjahren beinahe unter den Aschehalden des 1913 errichteten Kohlekraftwerks verschwunden wären. Bürgerinitiativen gelang es, die Zuschüttungen zu stoppen und das Biotop zu rekultivieren. Seit 1967 sind die Seen als Naturschutzgebiet ausgewiesen.

Zu den hier heimischen Vogelarten zählen u. a. Blesshuhn, Teich- und Wasserrallen, Enten und Haubentaucher, zu den zahlreichen Zugvögeln, die hier gerne Zwischenstopp einlegen, gehören u. a. Polartaucher, Gänsesäger und Brandseeschwalbe.

Als Brutplatz haben einige kleinere Vögel wie Rohrsänger und Rohrschwirl und größere wie Reiher die beiden Seen auserkoren, die durch einen Fischkanal miteinander verbunden sind und den Barsch, Karpfen, Hecht und Co. zu nutzen wissen. Angeln (und Baden) ist an den Kiesseen (nördlich Breitungens) erlaubt, nicht aber im Vorderen und im Hinteren See, deren Idylle allerdings ein Rundwanderweg (3 km)

> Auf dem historischen Burghügel rechts der Werra befindet sich im einstigen Kloster und späteren Schloss heute ein »Aktivmuseum« für ländliches Brauchtum wie Brotbacken, Schnapsbrennen oder Kräuterkunde.

KARTE ⟶ D4

Was: Breitungens Seen
Wo: 98597 Breitungen an der Werrra
Wann: Badestrand: April–Okt. 14–20 Uhr, Sa, So, feiertags, Ferienzeit 10–20 Uhr; Minigolf auf

Anfrage auch zu anderen Zeiten; Aktivmuseum: Mai–Okt. Mi, Fr 10–12, 13–16, 1. und 3. So 14–17 Uhr und auf Anfrage, Tel. 03 68 48/ 8 19 17

Wie viel: Badestrand: 1,50 €, bis 5 Jahre frei; 6–14 Jahre 0,50 €, 15–17 Jahre 1,00 € (Ermäßigung); Minigolf: 2,00 €, bis 15 Jahre 1,50 €; Aktivmuseum:

Ein schönes Erbe ehemaliger Industrieflächen: Aus verwundeten Landschaften werden Naherholungsgebiete mit zahlreichen Möglichkeiten für Wassersportler.

umgibt. Oberhalb der beiden Gewässer lockt das auf den Heuberg versetzte Jagdschlösschen »Seeblick« zur Einkehr.

Dort, wo noch bis 1992 das Kohlekraftwerk stand, wird im Sommer nun eifrig gebadet, gecampt, geangelt und im Wind gesurft: Mit 35 ha einer der größten unter den hiesigen Kiesseen (insgesamt ca. 50 ha, einige werden noch immer ausgebaggert), bietet er jede Menge Aktivitäten.

Radwanderern, die einen Pausentag in Breitungen einlegen möchten, bietet sich der komfortable Campingplatz an, dessen Zeltgebühren die Nutzung von Sandbadestrand, Liegewiese und zweier Volleyballplätze enthalten.

2 €, ermäßigt 1 €, Aktivprogramme extra buchbar, Kosten ca. 3–6 €, Anmeldung zu den Aktivprogrammen unter Tel. 03 68 48/ 8 82 21

Essen & Trinken: Seeblick oberhalb des Kiessees, mit zwei Terrassen: Waldhaus Wittgenthal, Tel. 3 68 48/86 90; nahe des Kiessees: Kulturhaus am Kraftwerk, Salzunger Str.

24, Tel. 03 68 48/4 08 05
Web: www.breitungen.de
www.kiesseecamping-plus.de;
www.thueringen.de/de/museen/breitungen/aktivmuseum

Am Ursprung protestantischer Politik

Das Städtchen Schmalkalden ist eng mit einem der spannendsten Kapitel deutscher Geschichte verknüpft. Allein das lohnt den Besuch auf Schloss Wilhelmsburg, dessen Museum vertieft, was hier nur kurz skizziert werden kann. Im Jahr 874 erstmals erwähnt, gehörte Schmalkalden bis 1247 zur Landgrafschaft Thüringen, nach dem thüringisch-hessischen Erfolgekrieg den Hennebergern und ab 1360 für beinahe 600 Jahre zum Haus Hessen. Erst nach dem Zweiten Weltkrieg kam Schmalkalden an Thüringen.

Berühmt machte die Stadt der Schmalkaldische Bund (1531–1547), eine Union protestantischer Landesfürsten und Städte, die mit Sitz und

Wehrhaft und monumental begrüßt das Schloss seine Besucher.

Stimme im Reichstag, der Ständevertretung im Heiligen Römischen Reich, zu den mächtigen Reichsständen in Deutschland gehörten.

KARTE → D4

Was: Museum Schloss Wilhelmsburg; Schlosskirche, Ofen- und Ofenplattensammlung, Herrenküche, Landgrafengemach sind auch für Rollstuhlfahrer

geeignet, Dauerausstellung »Aufbruch in die neue Zeit«
Wo: Schlossberg 9, 98574 Schmalkalden, Tel. 0 36 83/40 31 86
Wann: tgl. 10–18 Uhr,

Nov–März: Di–So 10–16 Uhr
Wie viel: 3,50 €, ermäßigt 2 €, Gruppen ab 10 Personen 3 €, Familien 7 €; Schlossführung (90 Minuten): 20 € zuzüglich

In Schmalkalden unter Führung des Landgrafen Philipp I. von Hessen und des Kurfürsten Johann von Sachsen geschmiedet, verpflichtete sich dieses defensiv ausgerichtete Militärbündnis, dem 17 protestantische Reichsstände (sechs Staaten und elf Städte) angehörten, zu gegenseitiger Hilfe im Falle eines Angriffs der Katholiken. Nach einem längerem Konfessionskrieg mit dem Habsburger Kaiser Karl V. und seinen katholischen Verbündeten unterlag Sachsens Kurfürst Johann Friedrich 1547 schließlich in der Schlacht bei Mühlberg an der Elbe.

Diese militärische Niederlage führte zu einem Ende des Schmalkaldischen Bundes.

Dennoch brachten in der Folgezeit die Passauer Verträge von 1552 und der Augsburger Religionsfriede von 1555 den protestantischen Reichsständen die erstrebte Anerkennung, und immerhin folgte darauf eine der längsten europäischen Friedensphasen. Sie hielt bis 1618, also bis zum Beginn des so verheerenden Dreißigjährigen Krieges.

In jenen Jahren des Friedens entstand auch das vierflügelige Schloss Wilhelmsburg (1584–90), eines der imposantesten Renaissanceanwesen in Mitteldeutschland. Benannt ist es nach dem hessischen Landgrafen Wilhelm IV., der (nach dem Aussterben der Henneberger) Schmalkalden zu seiner Nebenresidenz erhob. Die Schlosskirche (die eine der seltenen, noch bespielbaren Renaissanceorgel besitzt) ist – wie es an diesem historischem Ort zu erwarten ist – eines der ältesten protestantischen Gotteshäuser auf deutschem Boden.

Im Kellergewölbe von Schloss Wilhelmsburg befindet sich die Kopie eines bedeutenden Freskos zu Hartmann von Aues Iwein-Epos (mit 3-D-Animation). Und im Museum führt die Dauerausstellung »Aufbruch in eine neue Zeit« informativ und umfassend in die Thematik Reformation und Schmalkaldischer Bund ein.

> Bereits seit 1379 wird alljährlich das Schmalkalder Hirschessen gefeiert. Zum größten Fest der Stadt gehört auch der Bartholomäusmarkt (meist letztes Augustwochenende).

Eintritt; kleine Einführung (20 Minuten): 10 € zuzüglich Eintritt; Führungen Iwein, bzw. Kirche (je 30 Minuten): je 20 €, Orgelvorspiel (20 Minuten) 70 €; buchbar sind weitere Vorträge über Aspekte der Schmalkalder Geschichte (45–60 Minuten) pro Gruppe 20 € ab 10 Personen
Essen & Trinken: Café im Schloss

Web: www.stadt.
schmalkalden.de
www.tourismus.
schmalkalden.de

Auch als Modell ganz schön imposant – die Wartburg zum Draufschauen.

Wie eingedampft

Vom Erfurter Hauptbahnhof sind es nur einige Schritte zur Wartburg in Eisenach. Goethes Weimarer Gartenhäuschen liegt unweit der Klosterruine Paulinzella. Und Schillers Braubacher Domizil, wo er an »Kabale und Liebe« schrieb, befindet sich nahe der Creuzburg, dem Refugium der heiligen Elisabeth.

Die Welt im Kleinen erwartet den Besucher im Miniaturpark »mini-a-thür«. Das schon an sich nicht große Bundesland ist hier wie eingedampft (Maßstab 1:25) und daher noch beschaulicher. Nahezu jede touristische Attraktivität Thüringens hat liebevoll, bis zur letzten Dachrinne kopiert, in dem 1999 eröffneten Erlebnispark ihren Platz. Insgesamt werden über 80 Bauwerke präsentiert.

Kinder dürften nicht leicht von hier wegzubekommen sein: Harren im Park doch zudem ein Abenteuerspielplatz, ferngesteuerte Modellboote, eine Kleineisenbahn, ein Freigehege und manches mehr der Entdeckung.

KARTE ⟶ D4

Was: Miniaturpark »mini-a-thür«
Wo: Karolinenstr. 46, 99842 Ruhla, Tel. 03 69 29/6 09 04
Wann: ca. April–Anfang Nov., tgl. 10–18, Juli/Aug.,
So bis 21 Uhr (im Winter: Modellbesichtigung in einer Halle)
Wie viel: 5,50 €, ermäßigt 3,50 €, Kinder (3–12 Jahre) 3 €, Familien (bis 4 Kinder) 14 €

Essen & Trinken: Gartenlokal im Park (Spielplatz im Blick)
Web: www.mini-a-thuer.de

Alte Trassen und ein Wasserfall

Stillgelegte Bahnstrecken holt sich die Natur zurück. Auf manchen dampfen nostalgische Züge oder rollen schwitzend gestrampelte Draisinen (→ Tipp 28/S. 52). Die einstige Strecke von Schmalkalden nach Brotterode bietet noch eine Möglichkeit: richtiges Radfahren auf gleis- und schwellenloser Bahntrasse.

Der geteerte Mommelsteinradweg hat eine Länge von 12,5 km und steigt mit maximal 4,5 % 260 Höhenmeter an. Der Radweg beginnt in Schmalkalden (Mühlenstraße) und führt nach Floh-Seligenthal. Noch in Schmalkalden wird die »Neue Hütte« passiert, der Hochofen von 1835 ist heute ein sehenswertes Technikmuseum. Hinter Floh-Seligenthal geht es in den Hundsrücktunnel (86 m, beleuchtet), dem ein Viadukt über das den Weg begleitende Flüsschen Schmalkalde folgt. Nach Hohleborn ist bald Kleinschmalkaldens früherer Kopfbahnhof erreicht. Mit einer Spitzkehre führt nun der Weg hinauf zum einstigen Haltepunkt Auwallenburg. Nur bis hierhin ist die alte Bahnstrecke geteert.

Nun kann man auf demselben Weg bequem, weil nur bergab, zurück. Als zweite Möglichkeit bietet sich, sofern ein Mountainbike unterm Sattel, der steile Anstieg zum Mommelstein (ca. 3 km, beschildert). Als Variante drei lassen sich die 2,5 km (nur anfangs Waldweg) nach Trusetal hinuntersausen, wo ein künstlicher Wasserfall spektakuläre 58 m in die Tiefe rauscht (zurück via Landstraße nach Floh-Seligenthal, dann Trassenweg).

Auch alte Bahntrassen können ziemlich steil sein.

KARTE ···→ D4

Was: Mommelsteinradweg
Wo: von Schmalkalden über Trusetal und zurück
Wann: Technisches Museum »Neue Hütte«: April–Okt. Mi–So und feiertags 10–17 Uhr, Gothaer Str., Schmalkalden, Tel. 0 36 83/40 30 18
Wie viel: 2 €, ermäßigt 1 €, Familien 4 €; Gruppen ab 10 Personen 1,50 €

Essen & Trinken: Ausflugslokal »Auwallenburg« und Kiosk am Trusetaler Wasserfall
Web: www.bahntrassenradwege.de; www.stadt.schmalkalden.de

Schneller, weiter, schwindelfrei

Rasanter Wintersport in Oberhof.

Von Dezember bis April mangelt es in Oberhof selten an Schnee. Langlauf, Biathlon, Nordische Kombination, Skispringen, Bobfahren, Rodeln: In Thüringens Wintersportort Nr. 1 trainiert die Elite dieser Disziplinen und werden internationale Wettkämpfe ausgetragen.

Wer im Schnee nicht nach Medaillen eifert, findet auf zahlreichen Loipen und anspruchsvollen Alpinpisten sein Vergnügen, Après-Ski inklusive. Oberhof ist seit dem 19. Jh. Ziel von Sporttouristen. Im Sommer lockt zudem der Hochseilgarten Woodjump zur Überwindung der Höhenangst.

2009 geht Deutschlands erste Skihalle für den nordischen Skisport, die DKB-Skisport-Halle in Oberhof, an den Start. Ab Juli 2009 werden Spitzensportler trainieren, wenig später sollen auch Touristen vom neuen Sommerangebot profitieren. Nervenkitzel verspricht auch die Mitfahrt im 4er-Bob. In der Eisbahn (seit 1971 mehrfach umgebaut) erwarten einen auf 1354 m Länge 14 Kurven bei 9 % Gefälle. Mit 90 Sachen und Fliehkräften bis 6 g donnert das von einem Piloten gesteuerte Gefährt in kaum 50 Sekunden die Stecke hinab. Kein billiger Spaß, doch ein Eindruck, der bleibt.

KARTE → E5

Was: Oberhof
Wo: Rennrodel- und Bobbahn: Skigebiet Tambacher Str. (L 1128); Tel. 03 68 42/26 90; Woodjump Hochseilgarten: 98559 Oberhof

Wann: Bobbahn auch im Sommer; Hochseilgarten: ganzjährig
Wie viel: Bobbahn: 70 € pro Person; Icerafting: 15 €, Kinder 8 €; Hochseilgarten: ab 29 €, ermä-

ßigt 20 €
Essen & Trinken: »Doppelsitzer«, Sportkneipe, Tel. 03 68 42/2 21 68
Web: www.oberhof.de
www.bob-icerafting.de
www.oberhof-skihalle.de

Bei Campanula und ihren Verwandten

Mitten im Thüringer Wald können Botanikfreunde eine Weltreise machen. Am und auf dem Pfanntalskopf (868 m) befindet sich der Rennsteiggarten (70 ha) mit nicht weniger als 4000 Arten Gebirgsflora aus allen Kontinenten. Das Gebiet ist ideal: reichlich Niederschlag (ca. 1400 l/qm), Temperaturen im Jahresmittel um die 4 °C und ca. fünf Monate geschlossene Schneedecke sorgen für das optimale Klimamilieu nicht nur bekannter Bergpflanzen wie Edelweiß, Primeln oder Enzian. Je nach Jahreszeit sind auch Gletschernelken, Fleischroter Mannsschild, Frauenschuh und Schachblume zu bewundern. Die seit 1972 bepflanzte Anlage (betreut vom Botanischen Garten Jena) wurde beständig ausgebaut und besonders in den Neunzigerjahren zu einem wunderschönen sowie barrierefreien Landschaftspark erweitert. So bleibt einem nicht mehr verborgen, wie Kanadischer Hartriegel, Krainer Lilie oder Kamtschatka-Alpenrose aussehen und dass es tatsächlich eine Pflanze namens Darwins Pantoffelblume gibt. Lateiner mögen derweil rätseln, was sich hinter Salix hylematica, Ramonda nathaliae oder Campanula barbata verbirgt (nämlich: Himalaja-Weide, Felsenteller und Bärtige Glockenblume).

Zart und blau wiegt sich die Campanula (Glockenblume) im Wind.

KARTE → E5

Was: Rennsteiggarten (bei Oberhof)
Wo: Am Pfanntalskopf 3, 98559 Oberhof,
Tel. 03 68 42/2 22 45
Wann: Mitte April–Ende Sept. tgl. 9–18, 1. Okt.–

Anfang Nov. tgl. 9–17 Uhr
Wie viel: 4 €, ermäßigt 3,50 €, Kinder 6–16 Jahre 1,50 €, Kinder bis 6 Jahre frei, Familien 9 €, Saisonkarte 18 €
Essen & Trinken: kleines

Café im Garten, Imbiss vor dem Eingang
Web: www.rennsteig gartenoberhof.de

Wo's läuft wie gespurt

Paradiesisch ist der Rennsteig für Skiwanderer und Langläufer. Schnee vorausgesetzt (im Winter meist der Fall), sind 120 km am Stück und viele Rundloipen seitwärts gespurt. Besonders schneesicher ist es zwischen Oberhof, Schmiedefeld, wo mit Schneekopf (972 m) und Großem Beerberg (983 m) der Thüringer Wald am höchsten gipfelt, und Neuhaus, wo sich die Elite der Langläufer und Biathleten ein Stelldichein gibt.

Idealer Ausgangsort für einen Loipentag ist Thüringens höchster Gebirgsgasthof (916 m), die Schmücke. 1516 erstmals erwähnt, wurde die urige Einkehr Mitte des 19. Jh. touristisch ausgebaut. Regionale Berühmtheit errang der Pächter Johann Friedrich Joel (1792–1852), über dessen schwejkartigen Humor manche Anekdote kursiert.

Von Schmücke, auf halber Strecke zwischen Oberhof und Schmiedefeld, bieten sich zu beiden Orten gespurte Touren an (je 18 km hin und zurück). Die ca. 40 km Loipen rund um Schmücke liegen zwischen 850 und 945 m hoch. In bekannten Wettkampfspuren läuft, wer »Suhler Ausspanne« und »Suhl-Goldlauter« zum Gleiten wählt. Wofür Rennläufer keine Zeit haben, das können Amateure genießen – prächtige Panoramen unterwegs.

Langlaufvergnügen am Rennsteig: 120 Kilometer gespurte Loipen.

KARTE ⟶ E5

Was: Rennsteigloipen bei Schmücke
Wo: Waldhotel Schmücke, Schmücke 5, 98559 Gehlberg am Schneekopf, Tel. 03 68 45/58 80
Wann: Gasthaus Schmücke ganzjährig geöffnet, Bewirtung März/April und Nov./Anfang Dez. nur 10–18 Uhr
Wie viel: Loipen sind kostenlos
Essen & Trinken: Joel's Stübchen im Gasthaus Schmücke; im Sommer auch Biergarten
Web: www.waldhotel-schmuecke.de
www.thueringer-wald.com

Mit Volldampf durchs Gebirge

Technisch ist die 1904 eröffnete Rennsteigbahn zwischen Ilmenau und Schleusingen eine Meisterleistung, eine der schönsten Bahnstrecken ist sie zudem. In der Kaiserzeit sollte sie der Glas- und Porzellanindustrie helfen. Das gelang zwar nicht, immerhin florierte aber der Tourismus.

Bis 1998 noch im Linienverkehr, wurde die Strecke fünf Jahre nach Stilllegung für Museumsfahrten reaktiviert. Seither verkehren nostalgische Dampfloks wie die T 16.1, die, in den Zwanzigerjahren gebaut, noch ein halbes Jahrhundert in Betrieb waren, sowie Dieselloks vom Typ V 100 aus den Sechzigerjahren.

Mit bis 6 % Neigung ist die Rennsteigbahn Deutschlands steilste noch befahrene Strecke. Höchster Punkt ist der Kopfbahnhof Rennsteig (747 m), dank dessen Spitzkehre die Dampfloks ohne Umran-

Dampfloks lassen die Herzen der Bahnnostalgiker höherschlagen.

gieren stets talseits des Zuges fahren können. Für die 40 km zwischen Ilmenau und Kloster Veßra braucht der Museumszug gut zwei Stunden, Verschnaufpausen inklusive. Zeit genug, das famose Dampfross auch von außen zu bestaunen.

KARTE ⟶ F5

Was: Rennsteigbahn
Wo: verkehrt zwischen Ilmenau und Kloster Veßra
Wann: unregelmäßig, meist an Wochenenden, Fahrplanauskunft: Tel. 0 36 77/4 64 04 26 (siehe auch auf der Website)
Wie viel: 4 € plus 1 € pro Station (ganze Hinstrecke: 15 €), Kinder nur Stationspreis
Essen & Trinken: an allen Stationen
Web: www.rennsteigbahn.de

Goethes Städtchen

Klein, aber fein liegt die Universitätsstadt Ilmenau (26 000 Einwohner) am nordöstlichen Thüringer Wald. 1273 erstmals erwähnt, kam Ilmenau im 14. Jh. an die Grafschaft Henneberg und im 16. Jh. an das Haus Sachsen. Bis ins 19. Jh. wurde vor Ort Bergbau betrieben, im 18. Jh. entstand die Porzellan-, im 19. Jh. die (noch erhaltene) Glasindustrie. In der Goethezeit als Reiseziel entdeckt, war Ilmenau bis zum Ersten Weltkrieg auch ein Kurort. Aus dem 1894 gegründeten Technikum ging 1992 die Technische Universität hervor. Mit ca. 6600 Studenten und 1700 Mitarbeitern ist sie nach der Schiller-Universität in Jena Thüringens zweitgrößte.

Das heutige Erscheinungsbild prägen schmucke Barockbauten, die alle nach dem großen Stadtbrand (1752) entstanden sind. Im Zweiten Weltkrieg unversehrt, wurden nach der Wiedervereinigung die historischen Gebäude gründlich renoviert. Zu Ilmenaus Sehenswürdig-

> Goethewanderweg (17 Infotafeln): vom Amtshaus zum Friedhof (Grab der Schauspielerin Corona Schröter), nach Manebach, über den Kickelhahn, bis nach Stützerbach. Anders als zu Goethes Zeiten, bringt einen die Bahn zurück.

keiten zählen das Rathaus und die Kirche St. Jakobus (darin, mit 65 Registern: Thüringens imposanteste Orgel) oder, ganz modern, die Wettersäule und das Liquid-Chronometer (beide befinden sich auf dem Wetzlarer Platz).

Pausieren lässt es sich bestens in der Lindenstraße, einem breiten Altstadtboulevard.

Als Geheimrat des Herzogtums Sachsen-Weimar-Eisenach weilte Goethe gern in der Stadt. Als Kupferfigur sitzt er heute auf einer Bank vorm einstigen Amtshaus am Marktplatz. Im Gebäude präsentiert seit Ende 2008 das »GoetheStadtMuse-

Geheimrat Goethe hat die Ruhe weg und sitzt seit Jahren auf dieser Bank.

KARTE ⟶ F5

Was: Stadtbesichtigung
Wo: Goethewanderweg: von Ilmenau über den Kickelhahn nach Stützerbach; Gesamtlänge: 20 km (90 % Waldwege, ca. 400 Höhenmeter,

Markierung: g); unterwegs mehrere Einkehrmöglichkeiten.
Wann: GoetheStadtMuseum: tgl. 10–17, jeden 1. Do im Monat 10–20 Uhr

Wie viel: GoetheStadt-Museum: 3 €, ermäßigt 1,50 €, Kinder bis 14 Jahre in Erwachsenenbegleitung frei; Führungen: 1–3 € pro Person extra
Essen & Trinken: Hotel

um« u. a. Gemälde, Grafiken und Mobiliar aus der Zeit des Dichters, Ilmenauer Porzellan und Glas sowie die örtliche Bergbaugeschichte.

Goethe selbst hing seinerzeit der Idee nach, den Staatssäckel mittels Wiederbelebung des Silberbergbaus zu sanieren, was mangels Minenertrag scheiterte. Geologie wurde dennoch zu einem seiner vielen umtriebigen Interessen.

Doch auch das Schreiben vergaß er bei seinen 28 Besuchen nicht ganz: so verfasste er hier etwa das Gedicht »Ilmenau« und Passagen des Romans »Wilhelm Meisters Lehrjahre«. Eine Wanderung auf Ilmenaus Hausberg, den 861 m hohen Kickelhahn, inspirierte ihn zu »Ein Gleiches« (»Über allen Gipfeln ...«), das er 1780 auf die Wand einer Hütte (»Goethehäuschen«) unweit des Gipfels notierte.

Lindenhof, Lindenstr. 3 – angenehm sitzt es sich auf Korbstühlen im Wintergarten mit Blick auf Ilmenaus Boulevard; Tabakfreunde wird es freuen: ab 20 Uhr

Raucherlaubnis, Tel. 0 36 77/6 80 00
Web:
www.ilmenau.de/ museum/pages/ museum/profil.htm
www.ilmenau.com/

wandgoe1.htm
www.hotel-lindenhof.de

Die Abtei verirrter Frauen

Ein magischer Ort ist die Klosterruine Paulinzella, die seit Jahrhunderten Besucher in ihren Bann zieht. Sie liegt im wunderbar verschlafenen Rottenbachtal (ca. 30 km östlich von Ilmenau).

Zu den romantischen Legenden des im 12. Jh. gegründeten Klosters gehört die der Nonne Roswitha. Als Hebamme hatte sie in Singen, einem Nachbarort, geholfen, sich dann aber auf dem Rückweg im Schneesturm verlaufen. Sie erfror im Wald, das Kreuz in der Hand, mit lächelnden Lippen. An ihrer Fundstelle wurde das Nonnenkreuz errichtet.

Reizvoll ist ein Spaziergang dorthin (mit Rückweg 7 km): Er beginnt unter dem Viadukt der Bahnlinie und ist mit blauem Punkt markiert. Nach zwei Teichen geht es rechts, wo sich bald ein schöner Blick auf Tal und Kloster öffnet. Weiter die Bahnlinie entlang, links am Tunnel vorbei, ist der Griesheimer Grund erreicht. Dort beschildert, sind es noch 600 m zum Nonnenkreuz.

Auch die Gründung des Klosters selbst scheint auf einen Orientierungsverlust zurückzugehen: Der Überlieferung nach soll sich die fromme Paulina, eine sächsische

Adlige, im dichten Tannicht des Tals verirrt und eine Marienerscheinung gehabt haben, wobei sich die Bäume in eine Kathedrale verwandelten. Mit päpstlicher Erlaubnis gründete sie hier um 1102 eine Einsiedelei, aus der das romanische Benediktinerkloster entstand. Die Einweihung der Kirche (1124) erlebte Paulina nicht mehr, ebenso

KARTE → F5

Was: Klosterruine Paulinzella; Spaziergang in der Umgebung; Museum im Jagdschloss neben der Ruine: Ausstellung zur Geschichte des Klosters sowie zur Forst-

und Jagdgeschichte der Region
Wo: 07422 Rottenbach/ Paulinzella (an der L 1144)
Wann: Museum im Jagdschloss: April–Okt. Di–So

und feiertags 10–18 Uhr, 1.–16. Nov. und 14.–31. März 10–17 Uhr; Gruppen auch zu sonstigen Zeiten nach Anmeldung, Tel. 03 67 39/3 11 43 oder -34 30

wenig die Blütezeit ihrer Abtei, die der Reformbewegung der benediktinischen Klöster Cluny und Hirsau angehörte.

Zunächst auch von Nonnen, wurde das Kloster ab dem 14. Jh. allein von Mönchen betrieben. Mit raschem Aufstieg gesegnet, zählten 19 Dörfer und zahlreiche Rechte zu Paulinzellas Besitz. Infolge der Reformation kam es 1542 zur Aufhebung der Abtei, die darauf verfiel und als Steinbruch benutzt wurde. So auch für das benachbarte Jagdschloss der Grafen von Schwarzburg-Rudolstadt (18. Jh.), dessen Museum die Klostergeschichte erzählt. Im Zinsboden, der an die Kirchenruine angrenzt (Kellergewölbe, Parterre 12. Jh., Fachwerkaufbau 16. Jh.), wurden einst die üppigen Abgaben für das Kloster gelagert.

Paulinzella inspirierte die Klassiker Goethe, Schiller und viele Romantiker. Freistehende Wände, einige mit Reliefs, die hohe Portalwand, Rundbögen, Säulen und Bodenplatten beflügeln noch immer die Fantasie. Sommers wird das Langhaus der Kirchenruine zur stimmungsvollen Kulisse für Konzerte im Freien.

Aus einer Einsiedelei entstanden: Kloster Paulinzella.

Wie viel: Zutritt zur Ruine frei; Museum im Jagdschloss 3 €, ermäßigt 2 €, Kinder 0,50 €; Führungen durch die Klosterruine 1,50 €, ermäßigt 1 €, Kinder bis 14 Jahre 1 €
Essen & Trinken: Café im Jagdschloss/Museum
Web:
www.paulinzella.net
Website des Museums im Jagdschloss:
www.heidecksburg.de/paulinzella.htm
www.gemeinderottenbach.de

Büchsen und mehr im Malzhaus

Aus dem mittelalterlichen Erzberg-bau ging jene Spezialisierung her-vor, die Suhl den Beinamen »Waf-fenstadt« brachte. Schon 1499 wurden Schwerter und Panzerun-gen hergestellt, ab 1535 fertigten eingewanderte süddeutsche Büch-senmacher Handfeuerwaffen, 1555 folgte die Gründung einer Rohr- und Büchsenschmiedeinnung. Hunderte Betriebe waren in der Waffenindustrie tätig, wobei die

> Einen Besuch lohnt auch das Fahrzeugmuseum im Congress Centrum, wo 180 historische Vehikel Suhler Fabrikation zu sehen sind.

Firma Simson zeitweise auch Fahr-räder herstellte und gar den »Supra« (1924–34), einen legendä-ren Sportwagen.

Das 2008 renovierte Museum im schönen Malzhaus (Fachwerkbau, 1663) besitzt über 30 000 Exponate, da-von 2500 Handfeuer-waffen (Vorderlader, kunstvolle Windbüch-sen, Revolver, Pisto-len etc.). Das martia-lische Thema mag nicht jedermanns Sa-che sein, doch der kul-turhistorische Hinter-grund ist hochinteres-sant. Präsentiert wer-den Jagd-, Militär- und Sportwaffen sowie die Stadtgeschichte.

Sonderausstellungen – hier zu Hexenverfolgung – ergänzen das Angebot.

KARTE ⟶ E5

Was: Waffenmuseum
Wo: Friedrich-König-Str. 19, 98527 Suhl, Tel. 0 36 81/74 22 18
Wann: tgl. 10–18 Uhr, 25. Dez. und 1. Jan. geschl.

Wie viel: 4 €, ermäßigt 3 €, Schüler 2 €, Kinder bis 6 Jahre frei, Familien 10 €, Einführungsvortrag 8 €, Gruppenführungen (bis 25 Pers.) 25 €, Kombikarte, auch für

Fahrzeugmuseum 6 €
Essen & Trinken: Café im Museum
Web: www.waffen museumsuhl.de www.fahrzeug-museum-suhl.de

Der Kultlauf durch den Thüringer Wald

Europas größter Crosslauf hat es in sich. Landschaftlich dank des prächtigen Thüringer Waldes, sportlich wegen des Geländeprofils. Etwa 15 000 Teilnehmer zählt die traditionelle Rennveranstaltung (erstmals 1973), zu der auch Nordic Walking, Wandern (17–50 km) und Juniorencrossläufe (1–9 km) gehören. Königsdisziplinen sind die drei Marathons.

Schon der Halbmarathon (21,1 km) ist kein Pappenstiel, zumal im Gebirge. Erst recht nicht die (mit 43,5 km mehr als volle) Marathondistanz. Beinahe übermenschliche Strapazen verlangt der Supermarathon den Läufern ab: 72,7 km mit 2479 m Höhendifferenz (inklusive aller Aufs und Abs). 1730 Läufer bewältigten etwa 2008 diese Strecke, deren Rekorde (auf dem Parcours seit 1997) bei Männern um die fünf, bei Frauen um die sechs Stunden liegen.

Ziel ist stets Schmiedefeld am Rennsteig. Der Halbmarathon startet in Oberhof, der Marathon in Neuhaus a. R., der Supermarathon im fernen Eisenach. Betreut wird das Geschehen von 1500 Helfern lokaler Sportvereine. Der Name des

Bis zu 73 km weit laufen die Sportler durch den Thüringer Wald.

Laufs geht übrigens auf den Pädagogen und Philanthropen Johann Christoph GutsMuths (1759–1839) zurück, einen »Kollegen« des in Westdeutschland bekannteren »Turnvaters« Jahn.

KARTE ⟶ E5

Was: GutsMuths-Rennsteiglauf	**Wie viel:** Supermarathon: 39 €, Marathon: 34 €, Halbmarathon: 29 €	und Ziel zahlreiche Imbissbuden
Wo: Zielort: 98711 Schmiedefeld a. R., Info-Tel. 03 67 82/6 12 37	**Essen & Trinken:** für Aktive an Start, Ziel und unterwegs inklusive; für Zuschauer an Start	**Web:** www.rennsteiglauf.de
Wann: 8. Mai 2010, 21. Mai 2011		

Zwischen Gotik, Barock, Theater und Dampf

Meiningen (erstmals erwähnt: 982; heute: 21 000 Einwohner) gehört zu den prachtvollsten Zielen im Werratal, mit schmucker Altstadt um den quadratischen Marktplatz, den die (neo-)gotische Kirche »Unserer Lieben Frau« (13. Jh., Umbauten Ende 19. Jh.) ziert. Die Stadt wird von palastähnlichen Villen, Theater, Englischem Garten und einem dreiflügeligen Schloss samt Park geprägt. Letzteres, die Elisabethenburg (erbaut ab 1682), entstand im Hochbarock unter Bernhard I., Herzog von Sachsen-Meiningen, und diente über zwei Jahrhunderte als Residenz. In den feudalen Räumlichkeiten sind die Interieurs (Möbel, Teppiche, Gemälde) auch später hinzugekommener Stile (Rokoko, Klassizismus) zu besichtigen. Eine Dauerausstellung in der dritten Etage ist der Geschichte des Eisenbahnbaus im Werratal gewidmet.

Mit gläserner Luke über dem hohen Treppenhaus thront der reich im Barockstil gehaltene »Hessensaal« (benannt nach Bernhard I. erster Gattin, Maria-Hedwig von Hessen-Darmstadt). Heute als Café geführt, bietet der Saal einen fantastischen Blick über Meiningens Dächer.

Gleich neben dem Eingangsbereich zum Schloss befindet sich die ehemalige Reithalle. Sie wird heute als Theatermuseum genutzt. Originale Kulissen werden in einer Videoanimation wiederbelebt, die auch in die Geschichte Meiningens als bedeutende Theaterstadt einführt, die Einfluss ausübte bis zum englischen Shakespeare Theatre. Georg II. (1828–1914), der selber viele Bühnenbilder entwarf (einige davon werden im Museum gezeigt), waren die Bretter, die die Welt bedeuten, mehr als ein herzogliches Steckenpferd. Der passionierte Dramenfreund machte Meiningen im 19. Jh. zu einer der ersten Theateradressen Europas.

Die »Meininger Prinzipien« (z. B. größtmögliche Werktreue, Vermeidung von Starkult) wurden zum

> Einen Besuch wert ist das Dampflokwerk: eine bedeutende Instandhaltungswerkstatt für historische Lokomotiven. Besichtigungen: jeden 1. und 3. Sa im Monat 10 Uhr; Dauer: anderthalb Stunden.

KARTE ⟶ D5

Was: 98617 Meiningen
Wo: Südthüringen, Werratal; A 71 (Ausfahrt 21), bzw. an der B 19
Wann: Schloss Elisabethenburg: Di–So 10–18 Uhr

Theatermuseum »Zauberwelt der Kulisse«: Vorführungen Di–So 10, 12, 14 und 16 Uhr (20. Jan.–20. Feb. geschl.)
Literaturmuseum Baumbachhaus: Di–Fr 10–12

und 13–18 Uhr; Kassenöffnung des Theaters Meiningen Mo 9–16, Di–Fr 9–18, Sa 10–12 Uhr; Abendkasse Tel. o 36 93/4 51-2 05
Wie viel: Kombikarte für

Die prachtvolle Kulisse des Meininger Theaters bildet den würdigen Rahmen für festliche Schauspiel- und Opernaufführungen.

Maßstab einer Theaterkultur, die noch (Film-)Regisseure und Schauspiellehrer wie Konstantin Stanislawski, Max Reinhardt, Elia Kazan oder Lee Strasberg inspirierte.
Zu den sehenswerten Museen der Stadt zählt auch das innen im Biedermeierstil gehaltene Baumbachhaus, heute ein Literaturmuseum. Benannt ist es nach dem Volksliederdichter Rudolf Baumbach (1840–1905, wohl bekanntestes Werk: »Hoch auf dem gelben Wagen«), der hier wohnte. Das Haus widmet sich seinem Werk sowie anderen Dichtern, die mit Meiningen Berührung hatten, wie etwa Schiller oder Jean Paul. Dem Wirken des Märchenforschers und Kollegen der Grimms, Ludwig Bechstein (1801–60), gilt ein besonderes Interesse des Museums.

die Museen: 5,50 €, ermäßigt 3,50 €, Familienkarte 12,50 €, Kinder bis 6 Jahre frei; Meininger Theater je nach Vorstellung und Platzkategorie ca. 6–32,50 €

Essen & Trinken:
Museumscafé »Hessensaal« im Schloss Elisabethenburg; Nov.–April: Di–So 11–17, Mai–Okt. 11–18 Uhr
Web: www.meiningen.de

www.meiningermuseen.de
www.das-meininger-theater.de
www.dampflokwerk.de

Am Eingefallenen Berg

Das Städtchen Themar mit seinen 3000 Einwohnern ist nicht nur ein guter Ausgangsort für Rad- und Wassertouren im oberen Werratal. Auch etliche Wanderungen lassen sich von hier aus gut durch das historische Henneberger Land unternehmen: etwa in die Gleichberge westlich der Werra oder auf der Klassikerstraße über das Kloster Veßra (→ Tipp 50/S. 84) und dann die Schleuse entlang bis Schleusingen. Zerklüftet, hell und felsig erhebt sich jenseits der Werra und kaum 3 km südwestlich von Themar der sogenannte Eingefallene

KARTE ⟶ E5/6

Was: Themar und Umgebung
Wo: Themar an der Werra
Wann: ganzjährig
Wie viel: Kanu für zwei Personen: ab 20 €/Tag; auch Abholservice möglich: Kanureich, Mittlere Dorfstr. 3, 98660 Henfstädt, Tel. 03 68 73/ 6 96 71
Essen & Trinken: Thüringische Küche und einen Biergarten bietet das Gasthaus Lindeneck in Themar, Heubnerstr. 13, Tel. 03 68 73/2 04 67
Web: www.themar.de
www.linden-eck-themar.de
www.kanureich.de

*Fachwerkidylle und Wassersport –
Themar bietet diese Mischung.*

nach Themar geht es 5 km zu Fuß
am Ufer der Werra oder 1,5 km zur
Bahnstation Reurieth.

In Themar selbst laden die Gassen
mit rot bedachten Fachwerkhäusern zum Bummeln ein. Bereits im
8. Jh. erwähnt, kam der Ort um
1200 an die Henneberger, die unweit ihr Hauskloster Veßra errichteten. Themars bedeutendste Bauwerke sind das Amtshaus (1665)
aus der Spätzeit der Henneberger,
das Rathaus (1711), die Wehr-
mauer (15. Jh.) und die noch in der
Zeit kurz vor der Reformation gebaute Bartholmäuskirche (1488–
1502). Deren um 1510 von dem
Bamberger Künstler Hans Nuss-
baum gestalteter Marienaltar zählt
zu den kostbarsten Schnitzarbeiten

Berg (492 m). Von einem herrlichen
Laubwald (Buchen, Eichen, Ahorn)
umgeben, lässt er sich in zwei, drei
Stunden leicht erwandern. Seinen
seltsamen Namen trägt der Berg
wegen früherer Felsabbrüche (zuletzt Ende des 16. Jh.), die durch in
die senkrechten Kalkspalten einge-
drungenes, sich bei Frost ausdeh-
nendes Wasser entstanden.

Der Bergkamm bietet Blicke von
oben auf die Felsen, ins Werratal,
nach Themar und zum Kloster
Veßra. Den Rundweg über das Dorf
Trostadt weitergegangen, kann
dort die Ruine eines Klosters aus
dem 12. Jh., das einst zu Veßra gehörte, besichtigt werden. Die Forel-
len im angrenzenden Hotel »Klos-
termühle« sind köstlich. Zurück

> Wer mit einer Kanutour auf der
> Werra liebäugelt (aber noch
> nicht so recht weiß): In Henf-
> städt (3 km von Themar) vermie-
> tet »Kanureich« preiswert Boote
> und Zubehör auch für »Schnup-
> pertouren«.

im oberen Werratal. Als die Stadt
1634 im Dreißigjährigen Krieg von
kroatischen Söldnern fast völlig
zerstört wurde, blieb die mittler-
weile protestantische Bartholmäuskirche erhalten, weil ein ita-
lienischer Offizier von der Schön-
heit des Altars ergriffen war.

![Die gut erhaltenen Türme der Westfassade]

Die gut erhaltenen Türme der Westfassade beschatten die Ruine des Kirchenschiffs.

Roman(t)ische Klosterruine

Pastinak und Gartenmelde, Färberwaid, gar Färberwau? Wem diese Gemüsesorten bzw. Nutzpflanzen so gar nichts sagen, wird nach einem Besuch im dorfähnlich restaurierten Freiluftmuseum des Klosters Veßra schlauer sein. In gleich mehreren Gärten lässt sich viel über die Anbau- und Ernährungsgeschichte vom Mittelalter bis ins 19. Jh. erfahren. Mühle, Schmiede, Brau- und Backhaus ergänzen den Einblick ins einstige Klosterleben, das sich, fern moderner Techniken, autark zu versorgen wusste.

Das Agrarmuseum zeigt die Vorgeschichte unserer heutigen Ernährungskultur. Kinder und Jugendliche können an der Herstellung von Nahrungsmitteln aktiv teilnehmen, etwa beim Projekt »Vom Korn zum Brot«. Erwachsene dürfte auch die Regionalgeschichte interessieren. So gilt die Klosterkirche (12. Jh.) als herausragendes Bauwerk der Romanik zwischen Rennsteig und Rhön. Veßra war das geistige Zentrum der Henneberger, die das Prämonstratenserkloster gründeten. Ab dem 14. Jh. besaß es Rechte an 170 Orten zwischen Werra und Main. Dem Übertritt der Henneberger zur Reformation folgte im 16. Jh. die Säkularisierung des Klosters.

KARTE ⟶ E6

Was: Kloster Veßra
Wo: Hennebergisches Museum, 98660 Kloster Veßra, Tel. 03 68 73/ 6 90 30
Wann: April–Sept. 9–18, Okt.–März 10–17 Uhr;

Nov.–April montags geschlossen, Ostermontag, 25./26. Dez., 31. Dez., 1. Jan. zeitweise geöffnet
Wie viel: 3,50 €, ermäßigt 2 €, Familien 8 €, Kinder bis 6 Jahre frei, Kinder-

gruppen ab 20 Pers. 1 €/ Person, Führungen 10 €
Essen & Trinken: Cafeteria, unregelmäßig geöffnet
Web: www.museum klostervessra.de

Thüringen am Meer

Die 1583 ausgestorbene Dynastie der Henneberger bestimmte 300 Jahre die Geschicke Südthüringens. In ihrem einstigen Stammschloss, der massiven Bertholdsburg (13. Jh.) in Schleusingen, wird auch daran erinnert. Besonders aber widmet sich das Museum der Naturgeschichte (Flora, Fauna, Minerale) zwischen Rennsteig und Rhön, als vom Menschen hier noch keine Spur war.

Bereits in der Permzeit (also vor ca. 300–250 Mio. Jahren) herrschte reges Leben in der Region, die mal Festland, mal Meer war. Entsprechend sind die fossilen Funde, die von Urhaien bis zu veritablen Dinosauriern reichen. Der Fundus des Museums zählt rund 1000 Fossilien, die teils in Vitrinen zu betrachten sind, teils aber auch berührt werden dürfen. Außerdem bringen nicht nur junge Besucher die Rekonstruktionen etlicher prähistorischer Tiere zum Staunen, die in der ca.

800 qm großen Dauerausstellung »Thüringer Landschaften« museumspädagogisch wertvoll präsentiert werden.

Einmal in der Burg, verlockt der höchste ihrer vier Türme (38 m) zur Aussicht auf Schleusingen – und zu einem Bummel durch die Altstadt mit den hennebergischen Fachwerkbauten rund um den lindenbestandenen Marktplatz.

Sonderausstellungen zeigen oft spektakuläre Tierpräparate wie diesen stacheligen Rotfeuerfisch.

KARTE ⟶ E6

Was: Naturhistorisches Museum Schloss Bertholdsburg
Wo: 98553 Schleusingen, Burgstr. 6, Tel. 03 68 41/ 53 10
Wann: Di–Fr 9–17, Sa–So 10–18 Uhr, 24. Dez. und 31. Jan. geschl.
Wie viel: 3 €, ermäßigt 2 €, Familien 8 €, Themenführung 15 €, Gesamtführung 30 €; Turmbesteigung 1 €, ermäßigt 0,50 €

Essen & Trinken: Eines der ältesten Gasthäuser Schleusingens ist der Goldene Löwe von 1624, Tel. 03 68 41/4 12 78
Web: www.museum-schleusingen.de

Skispaß an der Werrawiege

Um ans Tageslicht zu sprudeln, hat sich die Werra einen besonders reizvollen Abschnitt des Thüringer Waldes ausgewählt. Die nordwestliche ihrer beiden Quellen entspringt südlich des 842 m hohen Eselsberges, über den der Rennsteig verläuft und der ein weites Panorama, einschließlich der in 25 km Luftlinie entfernten Veste Coburg, bietet. Nur 1 km nördlich des Eselsberges liegt in 780 m

Höhe der Ort Masserberg (2700 Einwohner) mit seiner hübschen Bergkirche (19. Jh.), der, 1999 zum heilklimatischen Kurort erhoben, ideal für Skifahrer aller Sparten ist.

Wie so mancher Wintersportort in den Alpen oder im Schwarzwald lag auch Masserberg, zu dem noch die schön gelegenen Walddörfer Fehrenbach, Heubach, Einsiedel und Schnett gehören, einst in einer bitterarmen Gegend. In Heubach fand 1931 sogar ein »Kongress der Waldarmut« statt,

Ski und Rodel gut – heißt es hier oft.

KARTE ⟶ F5

Was: Masserberg und Umgebung
Wo: 98666 Masserberg am Rennsteig im Thüringer Wald
Wann: Badehaus Masserberg (Kurhausstr. 8,

Tel. 03 68 70/8 13 80): tgl. 10–22 Uhr; im Sommer lädt Juni–Sept. das Waldbad Schnett zur Abkühlung ein, tgl. 10–18 Uhr
Wie viel: Badehaus: ohne

Zeitlimit: 14,50 €, ermäßigt 8 €; zweistündig: 9 €, ermäßigt 4 €; ab 18 Uhr: 11 € Salzgrotte im Badehaus (45 Minuten): 8 €, ermäßigt 6 €
Essen & Trinken: Deftiges

was nicht etwa an einem Mangel an Bäumen lag.

Touristischen Aufschwung erhielt Masserberg 1913, als hier ein christliches Erholungsheim eröffnete, das später die Uni Jena als Augenklinik übernahm. 2003 avancierte das denkmalgeschützte Schiefergebäude nach gründlicher Renovierung zum 4-Sterne-Hotel »Residenz«. Zwei moderne Kurkliniken und ein neues, auch architektonisch gelungenes Wellnessbad unterstreichen Masserbergs Ambitionen, sich als gute Adresse zum Ausspannen in abgelegener, waldreicher Gegend zu etablieren.

Wintersportlern bieten sich drei Skilifte (à 650 m) und 70 km Loipen an. Zwei Rodelbahnen und gewalzte Wanderwege, etwa zur Werraquelle (hin und zurück 5 km), erweitern die Möglichkeiten winterlicher Aktivitäten.

Ein besonderes Spektakel ist das seit 1995 (Januar oder Februar, sofern das Wetter mitspielt) stattfindende Schlittenhunderennen »Trans-Thüringia«, das mehrere 100 km durch den Thüringer Wald führt, wobei meist eine der Etappen in und um Masserberg ausgetragen wird. Zu den Ausflugszielen

Schnee hat es am Masserberg wie anderswo am Rennsteig fast jeden Winter.

zählen der schöne Aussichtsgipfel Simmersberg (780 m), die felsige »Fehrenbacher Schweiz« mit ihrem aus verschiedenen Schichten zusammengeballtem Gestein, sogenannten Konglomeraten. Und, natürlich, die Werraquelle.

aus der Thüringer Küche bietet die gemütliche Baude »Kleine Residenz«, gleich neben dem Hotel »Residenz«, Kurhausstr. 9, Masserberg; im Badehaus Masserberg servierte das Ristorante MasserMonte einfache Speisen aus der italienischen Küche.
Web:
www.masserberg.de
www.residenz-
thueringen.de
www.badehaus-masserberg.com/

*Eine schöne Renais-
sancefassade ziert das
Hilburghauser Rathaus.*

Dunkle Gräfin und weise Bücher

Wie inspirierend die Provinz sein kann: Das barock geprägte Hildburghausen hat wundersamerweise nicht nur einen Schlosspark ohne Schloss. In dem Städtchen wurde auch die Namensgeberin der Münchner Theresienwiese geboren, lebte im 19. Jh. eine mysteriöse Gräfin und erschien die erste bedeutende deutsche Enzyklopädie. Hildburghausen birgt viele interessante

Geschichten, die allesamt im Stadtmuseum vertieft werden können. Der Dichter Jean Paul schwärmte von der kunstsinnigen Herzogin Charlotte von Sachsen-Hildburghausen (1769–1818), die den Ort zu einem zweiten Weimar machte. Ihre Tochter Therese heiratetet 1810 Bayerns König Ludwig I. → seit der Hochzeit gibt es das Münchner Oktoberfest und hat die Theresienwiese ihren Namen.

Die mysteriöse »Dunkelgräfin« entpuppt sich schließlich als vermutliche Tochter des französischen Königs Ludwig XVI. Erhellender ist die örtliche Geschichte als Verlagsstadt, siedelte sich hier doch 1828 der Verleger Joseph Meyer an. Sein monumentales »Conversationslexikon« (52 Bände, erschienen 1840–52) machte das kleine Hildburghausen zu einem Hort universalen Wissens.

KARTE ⟶ E6

Was: Hildburghausen an der Werra
Wo: Stadtmuseum: Apothekergasse 11, 98646 Hildburghausen, Tel. 0 36 85/40 36 89
Wann: Stadtmuseum:

Di–So 10–17 Uhr
Wie viel: 2 €, ermäßigt 1 €; Führung (ab 20 Personen) 15 € zuzüglich zum Eintritt
Essen & Trinken: Thüringer Hof in der Altstadt

mit Biergarten, Untere Braugasse 15, Tel. 0 36 85/4 05 40; Di–Fr 11–14, 16–24, Sa 11–24, So 10–24, Mo 11–14, 19–24 Uhr,
Web: www.hildburghausen.de

Ursprung mit Löwenmäulchen

In Eisfeld ist die Werra noch 282 km davon entfernt, ihren Namen herzugeben, den sie erst seit 10 km trägt. Der Fluss in Deutschlands Mitte hat, wie könnte es anders sein, gleich zwei Quellen. Aus der 1897 gefassten, nach einem Förster benannten Schröderschen sprudelt die Werra in 797 m Höhe. Eine zweite, 3 m höhere, liegt 2 km Luftlinie entfernt bei Siegmundsburg. Ab dem niedrigeren Ursprung misst die Werra 298 km, ab dem anderen sechs weniger.

Zur Schröderschen Quelle oberhalb von Fehrenbach führt eine reizvolle Tageswanderung, die in Eisfeld (440 m) beginnt. Über Hirschendorf geht es, mit weitem Blick ins Frankenland, nach Waffenrod-Hinterrod (700 m). Dort vorbei am Berggasthof Hartung, weist ein markierter Weg weitere 90 Höhenmeter zur ca. 3 km entfernten Werraquelle. Aus goldenem Löwenmäulchen entspringt der vermutlich zentralste deutsche Fluss.

Wem das Quellwasser nicht süß genug oder zu alkoholfrei ist, bietet eine Baude (hierzulande für: bewirtete Berghütte) Alternativen an. Den jungen Flusslauf entlang führt der Weg am smaragdgrünen Werrateich, an der aussichtsreichen Hirschkanzel und dem alten Forsthaus vorbei nach Sophienau. Von Schirnrod über Sachsenbrunn ist Eisfeld nach 5 km wieder erreicht.

Wie aus dem Wasserhahn quillt, was später zu einem veritablen Fluss wird.

Was: Tageswanderung zur Werraquelle (ca. 22 km Streckenlänge, 357 Höhenmeter)
Wo: Thüringer Wald bei Eisfeld
Wann: Mai–Okt., Wege teilweise aber auch im Winter von Schnee geräumt
Essen & Trinken: Biergarten im Hotel Hartung; Baude an der Werraquelle
Web: www.stadt-eisfeld.de
www.hotel-hartung.de

Zerbrechliche Kostbarkeiten

An ihrem Oberlauf trifft die noch junge Werra seit dem 9. Jh. auf Eisfeld, heute mit 5700 Einwohnern die zweitgrößte Stadt des Landkreises Hildburghausen. Anders als in vielen südthüringischen Städten und Gemeinden hatten hier nicht die Henneberger das Sagen, sondern bereits seit dem 14. Jh. die Wettiner, also die Sachsen.

Mit Sachsen wird im Allgemeinen die Tradition der Porzellanherstellung (z. B. Meißen) verbunden, in Eisfeld findet man sie folgerichtig auch. Das Museum »Otto Ludwig« im schmucken Schloss (13. Jh.) am Marktplatz zeigt dies mit einer recht eindrucksvollen Keramiksammlung. Wie im fernen Meißen fanden sich im 18. Jh. auch am Südrand des Thüringer Waldes die dafür nötigen Bestandteile Quarzsand, Feldspat und Kaolin. Ebenso waren die Techniken

Edles Porzellan aus heimischer Produktion – gedacht für wohlhabende Bürger.

von Glashütten und Bergbau bekannt. Die Eisfelder Porzellanmanufakturen produzierten jedoch weniger für die festlichen Tafeln fürstlicher Höfe. Ihre Marktlücke waren v. a. (groß-)bürgerliche Haushalte. Die Exponate (von Tafelservicen bis Pfeifenköpfe und Spielzeug) dokumentieren somit auch die Wohn- und Lebenskultur (gehobener) Bürgerschichten des 18./19. Jh. bis in die Gegenwart.

> Eisfeld ist idealer Ausgangspunkt für eine Wanderung zur Werraquelle (→ S. 89), wie für eine Radtour durchs Werratal. Der Radweg ist ab hier bis Hann. Münden fast durchgehend geteert.

KARTE → E6

Was: Porzellanmuseum »Otto Ludwig«, Eisfeld **Wo:** Schloss, Markt 2, 98673 Eisfeld, Tel. 0 36 86/30 03 08 **Wann:** Nov.–März: Di–Fr 10–17, Sa, So, feiertags 13–17 Uhr, April–Okt. Mo–Fr 10–17, Sa, So, feiertags 13–17 Uhr (Gruppen- und Sonderführungen auf Anfrage möglich) **Wie viel:** 3 €, ermäßigt 1,50 €; Führungen: 1–10 Personen 10 €, ab 11 Personen 1 €/Person **Essen & Trinken:** Mai–Sept. Biergarten vor dem Schloss **Web:** www.stadt-eisfeld.de

Ländliche Schönheit auf dem Drahtesel »erfahren«

Für einen Tag im Radsattel ist Eisfeld (440 m) ein guter Ausgangspunkt. Bis Meiningen geteert (jedenfalls überwiegend), verläuft ab hier der Werratal-Radweg. In Eisfeld ist die Werra seit Verlassen der Quelle in 800 m Höhe erst 10 km unterwegs. 282 km hat sie noch vor sich, davon 55 km bis Meiningen. Es fällt nicht schwer, sie auf dem Rad in die Theaterstadt zu begleiten, geht es doch 153 Höhenmeter talwärts – nur elf weniger als auf den restlichen 227 km bis Hann. Münden.

Einfach bergab rollen – so macht auch Ungeübten eine Tour richtig Freude.

Durch die Südausläufer des Thüringer Waldes, anfangs nahe der bayrischen Grenze, ist nach 13 km Hildburghausen erreicht. 12 km weiter lohnt an der Einmündung der Schleuse das romanische Kloster Veßra (Freilichtmuseum) einen Besuch.

Noch 30 km in sanft hügeliger Flusslandschaft: außer dem Städtchen Themar folgen nur kleine Dörfer, deren schönstes vielleicht Henfstädt mit seiner Werratalbrücke (19. Jh.) und drei Rittergütern ist. Nach so viel Ländlichkeit wirkt Meiningen (Elisabethenburg mit Café im barocken Hessensaal und englischem Garten) sehr mondän.

KARTE → E6

Was: Radtour von Eisfeld nach Meiningen (Streckenlänge 55 km)
Wo: Oberes Werratal
Wann: Mai–Okt.
Essen & Trinken: Henneberger Haus: Restaurant,

Pension und – nach der Radtour vielleicht am wichtigsten – Biergarten (nahe Schloss und Theater), Georgstr. 2, 98617 Meiningen, Tel. 0 36 93/50 89 90;

Schlundhaus: Ursprungsort der Thüringer Klöße, Tel. 0 36 93/81 38 38
Web: www.werratal.de/radweg.shtml
www.henneberger-haus.de

Gold schürfen in Thüringen

Sprechen Geologen von Seife, meinen sie weniger ein Mittel zur Körperpflege als die edelmetallhaltige Ablagerung eines Bachbetts. Die oberen Flussläufe des Thüringer Waldes sind so gesehen sehr seifig, enthalten sie doch Goldklümpchen (oft Nuggets oder Seifengold genannt), die meistens nur Sandkorngröße haben, manchmal aber auch mehr.

Nicht von ungefähr befindet sich das Goldmuseum in Theuern, am Südrand des Thüringer Waldes. Das einzige deutsche Museum zu diesem Thema wurde 1997 von dem Geologen Markus Schade und seiner Frau Karin eröffnet. Unter sachkundiger Führung erfahren Besucher alles Wissenswerte über Goldvorkommen (nicht nur in der Region) und Methoden zur Gewinnung des begehrten Edelmetalls. Schautafeln, Modelle (z. B. ein mittelalterliches Pochwerk), historische und moderne Gerätschaften ergänzen die interessante Sammlung, die zudem Produkte zeigt, deren Warennamen »goldig« klingen.

Schon während des Mittelalters (vermutlich gar in der Keltenzeit) wurde im Thüringer Wald intensiv nach Gold gesucht. An diese Tradition anknüpfend, bieten die Museumsbetreiber Goldwaschkurse in

> Goldwaschkurse (nach Anmeldung): Schnuppertour (2,5 Stunden, bis 10 Personen); Tagestour (6 Stunden, bis 8 Personen). Geräte werden gestellt. Wechselkleidung empfohlen.

der Umgebung an. Auch wenn nicht alles Gold ist, was glänzt, könnte sich das Mitmachen durchaus lohnen.

Goldwaschen ist eine echte Outdoor-Aktivität und nicht gerade ein Spaziergang bei schönem Wetter. Die angebotenen Tagestouren finden auch bei ungemütlicher Witterung statt – was wohl jeden, den das Goldfieber erst mal packt, kaum stören wird. Nach einer theoretischen Einführung geht es raus in die Natur, gesucht wird in Bachläufen und an Felsgestein, was den Blick der Teilnehmer für potenziell goldhaltiges Material schult. Spannend ist dabei auch, dass gefundenes Edelmetall grundsätzlich dem Finder gehört.

KARTE → F6

Was: Goldmuseum
Wo: Im Grund 4, 96528 Theuern, Tel. 03 67 66/ 8 78 14
Wann: tgl. 9–17 Uhr (im Nov. nur nach Voranmeldung)

Wie viel: 2 € (oder 0,2 g Gold), ermäßigt 1 € (oder 0,1 g Gold), Kinder bis 6 Jahre (und 3 oder mehr Geschwister bis 18 Jahre) frei
Essen & Trinken:

bei Bedarf für Goldwaschkurse Verpflegung mitbringen
Web: www.goldmuseum.de

Mit der Bahn von Museum zu Museum

Lebendig wirken die Kirmesfiguren im Spielzeugmuseum.

Meist schauen große Augen in die Vitrinen des Deutschen Spielzeugmuseums in Sonneberg. Manchmal blicken noch größere zurück: Mit Puppen verschiedener Epochen und Kulturen, teils aus der Antike bestückt, zeigt das Haus etliche skurrile Exponate, denen es meist nicht an Humor mangelt.

Viel realer, zumal auf baulich anspruchsvoller Strecke, ist die Bahnfahrt von Sonneberg nach Neuhaus am Rennweg. Die 1885 eröffnete Linie nach Lauscha wurde 1913 über Oberlauscha und Ernstthal nach Neuhaus a. R. verlängert. Die komplizierte Trassenplanung erforderte für 27,5 km zwei Spitzkehren, einen Tunnel und zwei Viadukte, um die 454 Höhenmeter durch das enge Steinachtal zu bewältigen.

In Lauscha lohnt ein Besuch des Glasmuseums, das u. a. zwei Erfindungen aus diesem Ort präsentiert: gläserne Christbaumkugeln und, ein wenig gruselig, Glasaugen.

KARTE ⟶ F6

Was: Bahnfahrt Sonneberg–Lauscha–Neuhaus
Wo: Spielzeugmuseum: 96515 Sonneberg, Tel. 0 36 75/4 22 63 40; Glasmuseum: 98724 Lauscha, Tel. 03 67 02/2 07 24

Wann: Südthüringenbahn: ab Sonneberg stdl. 8–23 Uhr; Spielzeugmuseum: Di–So/feiertags 9–17; Glasmuseum Lauscha: Di–So 10–17 Uhr
Wie viel: siehe Internet

Essen & Trinken: Gasthof »Gollo« in Oberlauscha
Web: www.suedthueringenbahn.de; www.spielzeugmuseum-sonneberg.de; www.glasmuseum-lauscha.de

93

Romanischer Bühnenrahmen

Im Hochsommer ist die Bad Hersfelder Stiftsruine ein reizvoller Austragungsort ansprechender Kulturveranstaltungen. Zunächst werden bei den Festspielen (Juni bis Anfang August) mehrere Theaterstücke (auch eines für Kinder) und Musicals gezeigt. Bei den anschließenden Opernfestspielen kommen zwei Werke auf der 1400 qm großen Bühne zur Aufführung, meist Klassiker wie Mozarts »Zauberflöte« oder Verdis »Nabucco«.

Die frühere Hersfelder Benediktinerabtei (gegründet wurde sie 769 von Bischof Lullus, der letzte Abt Joachim starb 1606) gilt als größte romanische Kirchenruine der Welt. Die Stiftskirche wurde 1761 im Siebenjährigen Krieg von französischen Soldaten zerstört. Die verbliebenen Mauern stammen überwiegend aus der Mitte des 11. Jh. und bilden einen eindrucksvollen Rahmen für die seit 1951 stattfindenden Festspiele.

Das einstige Langhaus der Kirche (47 m lang, 29 m breit) bietet gut 1600 Zuschauern (gepolsterten) Platz. Bei Regen wird das Geschehen von der kühnen Zeltkonstruktion Frei Ottos überspannt, der auch das Münchner Olympiastadion überdachte.

Große Auftritte auf riesiger Bühne im historischen Rahmen.

KARTE ⟶ A/B4

Was: Bad Hersfelder Festspiele; Opernfestspiele
Wo: Stiftsruine, 36251 Bad Hersfeld
Wann: Mitte Juni–Ende Aug.
Wie viel: Festspiele, Schauspiel: 12–46 €; Festspiele, Musical: 23,50–48,50 € (Kartentel. für beide: 0 66 21/ 20 13 60); Opernfestspiele, je nach Wochentag: 16–65 €, ermäßigt 50% (Kartentel. 0 66 21/ 50 67 13)
Essen & Trinken: Bewirtung vor Ort
Web: www.bad-hersfelder-festspiele.de www.oper-hersfeld.de

GEPFLEGTE GASTLICHKEIT

AUSGEDEHNTE WÄLDER

ERKUNDUNGSTOUREN

HOTEL
HOHEN
HAUS

HOTEL HOHENHAUS · 37293 Herleshausen Holzhausen
Telefon (0 56 54) 9 87-0 · Telefax (0 56 54) 13 03
E-Mail: hohenhaus@t-online.de · www.hohenhaus.de

RELAIS &
CHATEAUX

Im Revier des Weißen Goldes

Selbst wenn alle Köche dieser Welt noch so verliebt wären, mit 150 Mio. Tonnen Salz ließen sich einige Suppen verwürzen, jahrelang. Dieses kaum vorstellbare Quantum auf einen Haufen getürmt, ergibt jedenfalls einen (derzeit) 220 m hohen Berg, der strahlend weiß über das hessische Städtchen Heringen ragt. Die »Monte Kali« getaufte Steinsalzhalde ist das weithin sichtbare Wahrzeichen des Ortes, das seit über 20 Jahren täglich um ca. 20 000 Tonnen anwächst. Kurzum: Salz ist Heringens Thema.

Tiefe Einblicke in die Geologie des Untergrunds sowie in die Historie und Sozialgeschichte des Heringener Kalibergbaus vermittelt ein Besuch des Werra-Kalibergbau-Museums. Auch technische Fragen, erläutert z. B. anhand funktionstüchtiger Bohrgeräte, bleiben hier nicht unbeant-

wortet, ebenso wenig wie solche zu Vermessung, Sprengung, Sicherheit und Frischluftversorgung in den Stollen. Andere Ausstellungsbereiche beschäftigen sich mit Geologie, Verarbeitung, Ökologie der Branche. Ergänzt wird der Fundus des Museums mit Dokumentarfilmen und zahlreichen Fotos.

Geologisch betrachtet, sind Kalisalze im Berg eingeschlossene Re-

KARTE ⟶ B4

Was: Werra-Kalibergbau-Museum
Wo: Dickesstr. 1, 36266 Heringen (Werra), Tel. 0 66 24/91 94 13
Wann: Museum: April–Sept. Di–Fr 10–12 und 13–18, Sa, So 13–18 Uhr, Okt.–März: Di–So 14–17 Uhr (20. Dez.–5. Jan. geschl.); Gruppen ab 10 Personen und Führungen auch nach Voranmeldung; Monte Kali: Einzelpersonen: Mi, So, feiertags 15 Uhr (Mai–Aug. auch Sa), Gruppen ab 10 Personen Mi, Fr, Sa, So (oder nach Vereinbarung), Besichtigung mit Führung: März–Okt.

likte aus vor rund 250 Mio. Jahren verdunsteten Meeren und finden sich v. a. an den Rändern einstiger Kontinente. Der Untergrund des mittleren Werratals verfügt über gigantische Kalisalzvorkommen. Im Tagebau sowie unterirdisch gefördert und vom Natriumchlorid getrennt, ist das Mineral Kalium ein bedeutendes Düngemittel, das der Fotosynthese, dem Wachstum und der Resistenz von Pflanzen zugutekommt.

Um 1900 entstanden in Heringen die ersten Kalibergwerke, von denen heute noch die Wintershall AG große Menge fördert. Da die Gegend über keine Bergbautradition verfügte, stammten die ersten Kumpel aus Kohlerevieren. Einheimische Bergleute wurden bald angelernt, in der Frühzeit bestand die Arbeit (wenn auch in gesunder, salzhaltiger Luft) aus schwerer Handarbeit. Auch eine Besichtigung des Monte Kali sollte daher nicht missen, wer sich einen Eindruck über die beachtliche Leistung der Kali- und Salzgewinnung verschaffen möchte. Und sofern man zufällig einen leeren Salzstreuer dabeihat, lässt er sich hier dezent füllen. So viel Weißes Gold ist kostenlos.

Wie aus einer anderen Welt: der »Monte Kali« über Heringen.

nur nach Vereinbarung
Wie viel: Museum: 2,90 €; Monte Kali: 3,40 €; beides: 5,10 €, ab 10 Personen: 2,10 €, 2,80 €, 3,70 €, Familien: 6,60 €, 8,00 €, 11,60 €;

Kinder und Jugendliche: 2,00 €, 2,70 €, 3,40 €, ab 10 Personen 1,40 €, 2,10 €, 2,20 €, Führungen pro Person zuzüglich zum Eintritt. 1,20 € (ab 24 Personen)

Essen & Trinken: kleine Cafeteria im Museum
Web: www.kalimuseum. heringen.de

In der Kristallgrotte funkeln und blitzen metergroße Riesenkristalle.

Tief unter der Erde

Der Kalibergbau prägt die mittlere Werra mit der eindrucksvollen Architektur seiner Schachtanlagen und den Steinsalzhalden, die als weiße Berge die Werra-Landschaft überragen. Wie der Abbau des wichtigen Düngemittels 600 m unter Tage funktioniert und was historisch damit verbunden war, zeigt das Erlebnisbergwerk Merkers in seiner phänomenalen Unterwelt. Eine Führung durch Teile der gigantischen Grubenanlage dauert etwa drei Stunden. Mit dem Förderkorb werden Besucher binnen 90 Sekunden in 500 m Tiefe gebracht. Durch 20 km des Stollensystems geht es mit Kleinlastern zunächst in die Salzunger Saline. In ihr ist ein Museum eingerichtet, das von der über 100-jährigen Geschichte des Bergbaus im Werrarevier erzählt.

Im Goldraum betritt man ein obskures Kapitel aus den letzten Kriegsmonaten, als die Reserven der Deutschen Reichsbank und Kunstwerke aus den Museen Berlins hier gehortet wurden. Nach dem Einmarsch der amerikanischen Truppen im April 1945 statteten die Generäle Ei-

---

KARTE → C4

Was: Erlebnisbergwerk Merkers
Wo: Zufahrtstr. 1, 36460 Merkers, Tel. 0 36 95/61 41 01
Wann: April–Nov. Di–So 9.30 und 13.30,

Dez.–März Di–Sa 9.30 und 13.30, So 13.30 Uhr; Sonderführungen nach Vereinbarung
Wie viel: April–Nov. 20 €, ermäßigt 15 €, Kinder

(10–16 Jahre) 12 €, Familie mit Kind 46 € (je weiteres Kind 8 €); zu beachten: Kindern unter 10 Jahren kann die Grubenfahrt nicht gestattet werden; Berg-

senhower, Bradley und Patton dem Fundort einen Besuch ab.

Die nächste Station ist der Großbunker, einst Zwischenlager für das abgebaute Salz. Im hallenartigen Raum (250 m lang, 22 m breit, bis 17 m hoch) steht noch ein riesiger Schaufelradbagger. Dank seiner fantastischen Akustik wird der Bunker nun als ungewöhnlicher Konzertort genutzt.

Noch tiefer führt die Fahrt zur Kristallgrotte, wo in 800 m Tiefe der beeindruckendste Bergwerksraum liegt. Nicht künstlich entstanden, wurde er erst 1980 entdeckt. Im Tertiär (vor 65–2,5 Mio. Jahren) brachte die Vulkantätigkeit der Rhön neben der gesamten Salzlagerstätte auch die Kristallgrotte hervor: eine bis zu 10 m hohe Halle, die vor Salzkristallen nur so funkelt. Die Gestaltungskraft der Natur zog

alle Register, zu bestaunen sind hier ebenso staubwinzige wie riesige Kristalle mit bis zu 1 m Kantenlänge, die weiß bis diamantklar schimmern. Das sinnliche Erlebnis der Grotte verstärken Licht- und Klanginstallationen. Sich bei konstanten 28 °C und salziger Luft einstellender Durst kann in der Kristallbar gestillt werden – in der vermutlich tiefsten Kneipe der Welt. Ganz neu sind Mountainbiketouren unter Tage zur Kristallgrotte. Bis zu 30 Radler können sich auf diese außergewöhnliche Tour begeben.

Der Goldraum in 500 m erinnert an ein Kapitel aus dem Zweiten Weltkrieg.

mannskleidung und Helm werden gestellt, feste Schuhe sind mitzubringen.

Essen & Trinken:
Zwei Restaurants verfügen im Inneren

bzw. auf einer großen Terrasse über ein umfangreiches Speisenangebot; während der Führung besteht die Möglichkeit zur Einkehr in der »Kristallbar«

Web: www.erlebnisbergwerk.de

Sonstiges: Besonders empfehlenswert ist die Mountainbiketour unter Tage.

Ganz schön salzig

Urlaub für die Atemwege verspricht der Besuch einer Gegend mit salzhaltiger Luft. Je höher der Salzgehalt, desto mehr erholen sich Nasenhöhle und Bronchialsystem von den Strapazen eines trocken klimatisierten Alltags. Die Nordsee ist dafür eine gute Adresse, aber auch im Landesinneren gibt es, v. a., wenn sie ein Gradierwerk haben, Kurorte, die Lungen erfreuen.

In einem Gradierwerk wird Salz gewonnen. Dabei träufelt Sole (eine Salz-Wasser-Mischung) über Reisigbündel aus Strauchhölzern (Weiß- und Schwarzdorn eignen sich am besten), die in einer großen, im Freien stehenden Wand aufgeschichtet sind. Dieses Verfahren wird heute nicht mehr zur Salzgewinnung, sondern nur noch für heilklimatische Zwecke genutzt.

Die Luft um die Gradierwerke herum ist äußerst gesund. Salz bindet frei schwebende Partikel, was vor allem Allergiker zu schätzen wissen. Aber auch gegen Asthma und andere Bronchialkrankheiten ist die salzhaltige Luft ein bewährtes Mittel, sie lässt die Schleimhäute abschwellen und reinigt die Atemwege von Bakterien. Selbst wer keine Beschwerden in Bronchien

und Lunge hat, atmet nach einem ausgiebigen Aufenthalt im Gradierwerk freier durch.

Gradierwerke gibt es zwar in Deutschland nicht selten. Doch nirgendwo ist der Salzgehalt der Solequelle so hoch wie in Bad Salzungen (bis zu 27 %). Das kann nicht mal die Nordsee bieten, allenfalls das Tote Meer.

KARTE → C4

Was: Gradierwerk und Keltenbad Bad Salzungen **Wo:** Am Flößrasen 1, Tel. 0 36 95/69 34 20 **Wann:** Gradierwerk: Mai–Sept. tgl. 8–19; Okt.–April tgl. 8–17 Uhr

Keltenbad: tgl. 10–22 Uhr (beides 24./31. Dez. und 1. Jan. geschl.) **Wie viel:** Gradierwerk ab 4,60 €; Keltenbad ab 7 €, Kinder bis 3 Jahre frei **Essen & Trinken:** Café Kö-

nig im Keltenbad mit Biergarten und Keltenschänke **Web:** www.keltenbad.de

Weiße Umhänge schützen die Kleider vor der salzigen Luft, die Lungen und Atemwege lassen sich's dagegen gerne gefallen.

Im Bereich der beiden überdachten Gradierwerke, an denen die Gäste zu jeder Jahreszeit in ausgeliehenen, weißen Kapuzenmänteln inhalierend entlangwandeln können, wird ein Salzgehalt von 16–20 % gemessen. Die Außenanlage wirkt insbesondere auf die oberen Atemwege positiv.

Im Inneren des baulich sehr reizvollen Kurgebäudes von 1900 werden verschiedene Rauminhalationen geboten. Hier beträgt die Solekonzentration etwas weniger, nur 1–10 %, was den unteren Atemwegen zugutekommt.

Direkt neben dem Gradierwerk befindet sich das Keltenbad. Das Wasser in den runden Becken weist einen Salzgehalt von 2–15 % auf. Im Wellnessbereich des Keltenbades locken Entspannungsmöglichkeiten wie Massagen, Thalassotherapie, Schlammbäder, Sandraum, Sauna und Rasul (ein spezieller Raum für die Haut erfrischende Anwendungen mit Heilerden, Salzen und Wärme). Die Badelandschaft ist ansprechend mit viel Holz und Oberlicht gestaltet, keltische Klänge sorgen für eine Atmosphäre fern des Alltags.

Auf Entenhöhe

Die Werra, dieser lange, ruhige Fluss, eignet sich gut für Kanutouren. Da auf ihr keine Binnenschiffe verkehren, stören keine Bugwellen das sanfte Dahingleiten knapp über der Wasserlinie. Der teils steilen Hanglagen wegen finden sich ihre schönsten Ufer zwischen Creuzburg in Thüringen und Witzenhausen in Hessen. Anlegestellen gibt es hier, im unteren Drittel des Werratals, in jedem Ort, ebenso am Oberlauf ab Burghausen.

Der industriell geprägte Mittelteil der Werra empfiehlt sich wegen der Kaliwerke weniger. Immerhin: Dem Fluss, der in DDR-Zeiten extrem belastet war (und einen Salzgehalt wie die Ostsee hatte), geht es wieder viel besser.

Wer es eilig hat, schafft die 41 km (elf Wehre) von Meiningen nach Bad Salzungen an einem Tag. Geruhsamer aber wären die 64 km (14 Wehre) von Themar bis Bad Salzungen, verteilt auf zwei Tage, mit einer Nacht auf dem Zeltplatz der Karnevalshochburg Wasungen. Die dortige Burgruine bietet Blick, einen Gasthof und ein Hotel.

Paddeln im Einklang mit der Natur, angepasst an Strömung und Lauf des Flusses.

KARTE ⟶ C4

Was: Kanutour auf der Werra
Wo: von Meiningen (bzw. Themar) nach Bad Salzungen
Wann: Mai–Sept.
Wie viel: Bootsverleih:

Kanu-Reich Werratal, Preise auf Anfrage; 98660 Henfstädt (bei Themar), Tel. 03 68 73/ 6 96 71; Zeltplatz Wasungen: 3 €, ermäßigt 1,50 €
Essen & Trinken: schön

gelegen: Hotel/Gasthof Burg Maienluft, Wasungen, Tel. 03 69 41/78 40
Web: www.werratal.de/ wasserwandern.shtml
www.wasungen.de
www.kanureich.de

Rhönpläsier am Pleß

Vom bayrischen Bad Kissingen, ein Stück durch Hessen und dann ins thüringische Bad Salzungen führt eine der reizvollsten Wanderungen durch deutsche Mittelgebirgslandschaft. Der sogenannte »Hochrhöner«, vom Deutschen Wanderinstitut als Premiumweg ausgezeichnet, tangiert dabei (je nach Route) die höchsten Erhebungen des Höhenzugs: Kreuzberg (928 m) und Heidelstein (926 m) in Bayern, Wasserkuppe (950 m) und Milseburg (835 m) in Hessen sowie den Ellenbogen (813 m) in Thüringen, bevor er sich über den Pleß (645 m) ins Werratal neigt.

Ein Wegweiser in der Rhön kennt fast nur eine Richtung.

Von Nord nach Süd hat der Weg den Vorteil, seinen Schatten hinter sich und im Gesicht mehr Farbe zu bekommen. Als Schnupperstrecke des 180 km langen Hochrhöners bieten sich die 15 km von Bad Salzungen (Langenfeld, dann Polsambachtal) auf den Pleß an (Aussichtsturm mit Wartburgblick).

Vom Hochrhöner abgebogen, geht es sieben waldreiche Kilometer hinunter über Knollbach zurück an die Werra bei Breitungen.

Dort erstaunt ein »versetztes« Schlösschen: 1887 ließ sich Meiningens Theaterherzog Georg II. am Pleß ein Jagdhaus bauen. Es wurde später zu einer Waldgaststätte, die in DDR-Zeiten in militärischem Sperrgebiet lag. Breitungens Bürger demontierten darauf den Fachwerkbau, der seit 1975 nun auf dem Heuberg über den Seen steht.

KARTE ⟶ C4

Was: Tageswanderung von Bad Salzungen über Pleß nach Breitungen
Wo: Werratal, Vordere Rhön, Thüringen
Wann: Mai–Okt.

Essen & Trinken: Jagdhaus »Seeblick«, Neue Reihe 7, Breitungen, Tel. 03 68 48/27 60 (Mo Ruhetag); Rhönclubhütte am Aussichtsturm

auf dem Pleß: So/feiertags geöffnet
Web: www.rhoen.de/hochrhoener/hochrhoener1.html

Im Spannungsfeld von Uniform und Persönlichkeit der GIs steht diese Besucherin.

Endlich grenzenlos

Zeitgeschichte und Natur – diese eher ungewöhnliche Mischung verspricht eine Wanderung durch das mittlere Tal der Ulster, die als linker Nebenfluss der Werra in der Rhön entspringt.

Das bereits im 8. Jh. erwähnte Geisa gehörte lange Zeit (bis 1803) dem Kloster Fulda. In der Reformationszeit widerstanden die Einwohner der Konversion und blieben, als Diaspora der Region, bis heute fest beim römischen Glauben. Sehenswert sind die katholische Kirche mit dem Carillon im Glockenturm (16. Jh.) und das unlängst renovierte barocke Jagdschloss der fuldaischen Fürstäbte aus dem 18. Jh.

In noch ganz anderer Hinsicht nahm Geisa eine Ausnahmeposition ein: Der kleine Ort (heute

---

KARTE → B4

Was: Geisa und Wanderung »Point Alpha«
Wo: Geisa, Mittleres Ulstertal, Thüringen; Gedenkstätte Point Alpha: Platz der Deutschen Einheit 1, 36419

Geisa, Tel. 0 66 51/ 91 90 30
Wann: Gedenkstätte Point Alpha: April–Okt. tgl. 9–18, Nov.–März tgl. 10–17 Uhr; Dez.–Feb. Di– So 10–16.30 Uhr; »Grenz-

wanderung« (Dauer ca. 3 Stunden): 13 Uhr, jeden 1. Sa im Monat (Treffpunkt in der Gedenkstätte, hessischer Parkplatz)
Wie viel: Gedenkstätte:

4740 Einwohner) war in der Zeit des Kalten Krieges die westlichste Stadt des Warschauer Paktes.

In den Bedrohungsszenarien der NATO galt das Gebiet zwischen Herleshausen im Norden und dem bayrischen Bad Neustadt im Süden, die sogenannte Fulda Gap (Fuldaer Lücke), als die gefährlichste Schneise einer potenziellen Invasion des östlichen Truppenbündnisses. Und Geisa liegt genau in der Mitte dieses Territoriums. Die innerdeutsche Grenze kontrollierte auf hessischem Gebiet zunächst der Bundesgrenzschutz. 1962 kam es zu einem Schusswechsel, dem ein DDR-Offizier erlag. Erhebliche Spannungen waren die Folge. 1965 richtete die US-Army hier den Stützpunkt »Point Alpha« ein, der 1991 aufgelöst wurde.

Der ehemalige Beobachtungsposten (auf halber Strecke zwischen Geisa und Rasdorf in Hessen) ist heute als Gedenkstätte ein Grenzmuseum, in dem u. a. das amerikanische Camp des 11. Kavallerieregiments »Black Horse« sowie Teile des »Todesstreifens« zu besichtigen sind. Der 15 km lange Rundwanderweg »Point Alpha« beginnt in Geisa am Schloss und führt (mit rotem P markiert) landschaftlich reizvoll über die Hügel des Ulstertals und zum Gelände des Grenzmuseums.

> **Die Gedenkstätte Point Alpha bietet monatlich eine begleitete »Grenzwanderung« zwischen Wenigentaft und der Gedenkstätte an, die in Geschichte, Geschichten und Naturraum des einstigen »Todesstreifens« einführt.**

4 €, ermäßigt 3 €, Familienkarte (2 Erwachsene, mind. 2 Kinder) 12,50 €; Museumsführung (1,5–2 Stunden): 20 €, Grenzwanderung: 60 €

Essen & Trinken: ca. 15 km südlich von Geisa befindet sich das gemütliche Landgasthaus Stehling (mit eigener Metzgerei), Rößbergstraße 28, 36419 Ketten (Rhön), Tel. 03 69 67/ 5 20 56; Mi–Mo 17–24 Uhr

Web: www.c-rio.de
www.geisa.de
www.gasthof-stehling.de
www.pointalpha.com

Segelflug in der Rhön – immer im Aufwind

Westlich der bei Meiningen noch jungen Werra erhebt sich die Rhön, ein Mittelgebirge, an dem Thüringen, Bayern und Hessen Anteil haben. Mit 950 m ist die Wasserkuppe zugleich höchster Punkt der Rhön wie auch Hessens. Wandern, Rad- und Skifahren bieten sich da als Aktivitäten an. Doch keine Sportart ist auf der Wasserkuppe so traditionsreich wie das Fliegen: Paragliding, Hängegleiten und ganz besonders die Segelfliegerei.

Bereits 1910 wurden hier dank guter Thermik erste Segelflugversuche unternommen. Richtig Auftrieb erhielt die Sportart überraschenderweise nach dem Ersten Weltkrieg durch den Versailler Vertrag, da dieser in Deutschland das Motorfliegen extrem einschränkte. Ab 1920 vollbrachte der unorthodoxe Studentenclub »Akaflieg« auf der Wasserkuppe Pioniertaten (der Name steht für »Akademische Fliegergruppe«). Kein Wunder, dass die Segelflugschule auf der Wasserkuppe die älteste der Welt ist.

Das Deutsche Segelflugmuseum dokumentiert die Entwicklung der Fliegerei im Aufwind. Pioniere werden ebenso vorgestellt wie über 50 Exponate (teils Nachbauten), die in zwei Hallen zu sehen sind. Insgesamt stehen rund 4000 qm Ausstellungsfläche für Segler, Gleiter und Co. zur Verfügung, es ist damit das größte Museum seiner Art auf der Welt. Auch der Modellflug, viel mehr als eine Spielerei, wird nicht vergessen.

> Die Segelflugschule Wasserkuppe bietet eintägige Schnupperkurse an: drei Flüge (Motor- und/oder Segelflug).

KARTE → B6

Was: Wasserkuppe und Deutsches Segelflug-Museum
Wo: Wasserkuppe 2, 36129 Gersfeld/ Rhön, Tel. 0 66 54/77 37
Wann: tgl. 1. April– 31. Okt. 9–17, 1. Nov.–31. März 10–16.30 Uhr (24./25. Dez. geschl.)
Preise: 3 €, ermäßigt und Gruppen ab 15 Personen 2 €, Familien 8 €, Kinder bis 6 Jahre frei
Essen & Trinken: In »Peterchens Mondfahrt« treffen sich die Flieger, Tel. 0 66 54/3 81)
Web: www.segelflug museum.de; www.flieger schule-wasserkuppe.de

Entdecken Sie das Werratal –

- sportlich auf dem Werratal-Radweg,
- geruhsam auf einer Bootstour,
- entspannt auf dem Werra-Burgen-Steig,
- interessiert in den Werratal-Orten,
- genussvoll bei den Werratal-Gastgebern!

Viele Städte, drei Länder, ein Tourismusverband:

Werratal Touristik e.V.
Flößrasen 1, 36433 Bad Salzungen
Tel. 03695/69 34 20, Fax: 03695/86 14 57

info@werratal.de   **www.werratal.de**

1   2   3

Wissenswertes über
das Werratal

4

Veranstaltungskalender

JANUAR

Trans-Thüringia
Einwöchiges Schlittenhunderennen über rund 280 km am und auf dem Rennsteig.
2. Februarwoche; Rennsteig (Thüringen); www.trans-thueringia.de

FEBRUAR

Wasunger Karneval
Seit 1524 traditionell großer Festumzug mit Prinz, zwei weiblichen Pagen und närrischem Gefolge. Tausende Zuschauer verfolgen das Spektakel vor Ort, das auch der Mitteldeutsche Rundfunk überträgt.
Samstag vor Aschermittwoch; Wasungen (Thüringen); www.wasungen.de

MÄRZ

Sommergewinn
Größtes deutsches Frühlingsfest mit Umzug und karnevalesken Ritualen traditioneller Winterverbrennung.
Wochenende des dritten Fastensonntags bzw. vor Lätare; Eisenach (Thüringen); www.sommergewinn.eisenachonline.de

Thüringer Bachwochen
Künstlerisch anspruchsvolle Konzerte an authentischen Bach-Orten, wie Arnstadt, Dornheim, Eisenach, Erfurt, Gotha, Mühlhausen, Ohrdruff, Waltershausen, Wechmar und Weimar.
Ende März–Anfang April; u. a. Eisenach; www.thueringer-bachwochen.de

APRIL

Wartburgkonzerte
Festliche Konzerte mit Programmen so vielseitig wie die achthundertjährige Wartburggeschichte.
April–Okt.; Festsaal der Wartburg; www.wartburg.de

MAI

Anpaddeln auf der Werra
Bootstourenveranstalter und Kanuvereine laden zum Kanu-, Floß- und Schlauchbootfahren ein.
Jährlich am 1. Mai.; Bootsanlegestellen Lauchröden, Neuenhof, Creuzburg, Mihla u. a.

GutsMuths Rennsteiglauf
Der größte Landschaftslauf Europas bietet verschiedene Marathondistanzen.
Nächste Termine: 8. Mai 2010, 21. Mai 2011, 12. Mai 2012; Rennsteig (Thüringen); Zielort: Schmiedefeld; www.rennsteiglauf.de

Heiratsmarkt am Männertag
Volksfest von großer Beliebtheit in schöner Atmosphäre rund um die beeindruckende Ruine: Dazu gibt es kühles Bier, heiße Rostbratwurst, Musik und – vielleicht manch potenzielle Braut.
Christi Himmelfahrt; Paulinzella (Thüringen); www.paulinzella.de

Huskys am Rennsteig beim Schlittenhunderennen Trans-Thüringia im Januar.

Eisenbarth-Spektakel im historischen Packhof in Hann. Münden

Humorvolle Veranstaltung, die sich mit Theater, Musik und Gaukelei dem Leben und den Legenden um den Wunderarzt Dr. Eisenbarth widmet.

Hann. Münden; mehrmals von Mai–Aug.; jeweils von 12–14.15 Uhr in den Hann. Mündener Innenstadt; Kartenvorverkauf unter Tel. 0 55 41/ 7 53 13 oder 7 53 43; www.hann.muenden.de www.tourist-info@hann.muenden.de

Juni

Rad total im Werratal

Autofreier Raderlebnistag auf der auf 20 km gesperrten B 27.

Alljährlich an einem Junisonntag; Witzenhausen – Bad Sooden-Allendorf

Mittelalterfest

Das Mittelalterfest findet im Innenhof der mittelalterlichen Creuzburger Burganlage statt.

Pfingsten; Burganlage Creuzburg in Creuzburg

Brunnenfest in Bad Sooden-Allendorf

Volksfest im Kurort zu Ehren der segensreichen Quellen mit großem Programm und stimmungsvoller Kurpark-Illumination.

Bad Sooden-Allendorf

documenta 13

Wie alle fünf Jahre findet in Kassel auch 2012 wieder am linken Fuldaufer 100 Tage lang die bedeutendste Ausstellung für zeitgenössische Kunst statt.

9. Juni–16. Sept. 2012; Kassel (Hessen); www.documenta.de

Stadt- und Hütes-Fest

Beim Stadt- und Hütes-Fest dreht sich alles um die Thüringer Klöße, hier Hütes genannt und von hier aus in die Welt gerollt.

Meiningen (Thüringen); www.meiningen.de

Werratal-Tag

Wasser- und Radsport in Themar, Museumsfest in der mittelalterlichen Basilika Kloster Veßra.

Themar und Kloster Veßra

Bad Hersfelder Festspiele

Großes Open-Air-Theater in der romanischen Stiftsruine.

Mitte Juni–Anfang Aug.; Bad Hersfeld (Hessen); www.bad-hersfelder-festspiele.de

Beleuchtete Wasserkünste

Eindrucksvolle Illumination der Kasseler Wasserkaskaden und eine beeindruckende Fontäne in der Dämmerung an Schloss Wilhelmshöhe.

Juni–Sept., jeweils 1. Sa des Monats; Kassel(Hessen); www.kassel-tourist.de

JULI

Kesperkirmes

Bei der weit über die Landesgrenzen hinaus bekannten Kesperkirmes dreht sich – Wahl der Kirschenkönigin und Kirschkernweitspucken inklusive – alles um die rote Frucht. Kirsche heißt hier nämlich Kesper.

2. Wochenende; Witzenhausen (Thüringen); www.kesper kirmes.de

Schmalkaldener Sommerfilmnächte

Stimmungsvolles Open-Air-Kino

Eindrucksvolles Bühnengeschehen bei den Bad Hersfelder Festspielen von Juli bis August.

AUGUST

Mittelalterfest
Viel Publikum und viel buntes Treiben in der idyllisch gelegenen Ruine der 700 Jahre alten Burg Hanstein.
1. Augustwochenende; Burg Hanstein (Thüringen); www.burghanstein.de

Luther, das Fest
Ein ganzer Stadtteil zurückversetzt ins Spätmittelalter: Händler, Spielleute und Gaukler laden Groß und Klein zum Mitmachen, Tanzen und Spielen ein.
Großer Umzug am Sonntag, besinnliche Gottesdienste und abwechslungsreiches Programm thematisieren Leben und Wirken des Reformators.
Im Aug., nächste Termine sind: 21.–23. Aug. 2009; 20.–22.Aug. 2010; 19.–21.Aug. 2011; Eisenach (Thüringen); www.luther-das-fest.de

Open Flair Festival
Rock, Pop, Kabarett auf der Werrainsel am Rand der schönen Eschweger Altstadt.
2. Augustwochenende; Eschwege (Hessen); www.open-flair.de

Thüringer Montgolfiade
Stimmungsvolle Großveranstaltung des Ballonsportclubs Thürin-

mit abwechslungsreichem Programm im Schlosshof von Schloss Wilhelmsburg.
Kulturverein Villa K, Schmalkalden, 98574 Schmalkalden; Tel. 0 36 83/ 48 83 96; www.villak.org

gen e. V. 2009 findet ausnahms-
weise keine Montgolfiade statt, ab
2010 wieder regelmäßig.
Nächster Termin: 20.–22. Aug. 2010;
Heldburg in Thüringen;
www.ballonsportclub-thueringen.de

Schmalkalder Hirschessen
Größtes Stadtfest in Schmalkal-
den, dessen Ursprung bis ins 14.
Jh. zurückgeht.
Letztes Augustwochenende;
Schmalkalden (Thüringen);
www.stadt-schmalkalden.de

Werraman
Beliebter Triathlon im und um den
Werratalsee.
Letztes Augustwochenende; Eschwege
(Hessen); www.werraman.de

Kickelhahnfest
Ein wahres Fest für alle Natur-,
Berg-, Musik- und Wanderfreunde:
Es gibt Fassbier, Blasmusik und ein
Wanderquiz, dazu wird auf dem
schon von Goethe geschätzten Pla-
teau Süßes und Deftiges für alle
bereitet.
Letzter Augustsonntag; Ilmenau (Thü-
ringen); www.ilmenau.de

Meininger Kleinkunsttage
Die Bühne für bekannte Kabarettis-
ten und Comedians, aber auch für
vielversprechende Neuentdeckun-

gen der deutschsprachigen Klein-
kunstszene.
Meiningen; www.meininger-klein-
kunsttage.de

SEPTEMBER

Meiniger Dampfloktage
Bei den Meininger Dampfloktagen
lassen sich im ehemaligen Ausbes-
serungswerk Dutzende nostalgi-
scher Dampfrösser bestaunen.
1. Septemberwochenende; Meiningen
(Thüringen); www.dampflokwerk.de

Theresienfest
Das größte Volksfest Südthüringens ist nach Prinzessin Therese

*Lichtspektakel: Ballonglühen bei der
Thüringer Montgolfiade im August.*

benannt, der Namensgeberin auch der Theresienwiese in München, auf der das Oktoberfest gefeiert wird. Auch der »kleine Klassiker« bietet Festzelte, einen Vergnügungspark sowie einen traditionellen Umzug am ersten Sonntag im Oktober.

Ende Sept.–Anfang Okt; Hildburghausen (Thüringen); www.theresienfest.de

Güldener Herbst – Festival Alter Musik in Thüringen

Konzertreihe mit Aufführungen in historisierender Praxis auf alten oder nachgebauten Instrumenten. Die Capella Thuringia und der Chor Cantus Thuringia bringen Musik v. a. der Barockzeit zu Gehör.

Ende Sep.–Oktober; www.amt-ev.de

OKTOBER

Tag der offenen Tür

Burgfest im mittelalterlichen Ambiente. Vielfältige Veranstaltungen geben Einblick ins Leben im Mittelalter.

Monatsanfang; Tannenberg (Hessen); www.tannenberg.de

Jazzmeile Thüringen

Internationale Künstler aus allen Stilrichtungen der improvisierten Musik geben sich an verschiede-

Puppen und Teddys, wohin das Auge sieht: Bei den Puppen-Festtagen im November schlagen nicht nur Kinderherzen höher.

nen Veranstaltungsorten in Thüringen ein hochkarätiges Stelldichein.
Monatsanfang bis Ende Nov.; Ilmenau, Eisenach, Meiningen u. a.; www.jazzmeile.org

NOVEMBER

Puppen-Festtage
Puppen jeder Art und Teddybären: Liebhaber des Kuschelzeugs sind hier in ihrem Element. Die aufkommende Novembertrübsal hat gegen so viele schwarze Knopfaugen einfach keine Chance.
1. Novemverwochenende; Eschwege (Hessen); www.puppenfesttage.de

Internationale Sonneberger Jazztage
Die Jazztage legen ihren Schwerpunkt auf Swing, Dixie, Gospel und Big-Band-Sound.
1. Monatshälfte; Sonneberg (Thüringen); www.son-jazz.de

DEZEMBER

Weihnachtsmarkt auf der Wartburg
Stimmungsvoller Weihnachtsmarkt in historisch bedeutenden Mauern.
Adventszeit, Wochenende; Wartburg, Eisenach (Thüringen); www.wartburg-eisenach.de

GrimmHeimat NordHessen

Märchenhaft Wohnen
in der Heimat der Brüder Grimm

Landhaus Bärenmühle

suchen, informieren:
→ online buchen

www.nordhessen.de

Wissenswertes von A bis Z

AUF EINEN BLICK

Fläche

In Thüringen durchfließt die Werra die Landkreise Hildburghausen (937,38 qkm, 69 500 Einw.), Schmalkalden-Meiningen (1210,14 qkm, 134 262 Einw.), den Wartburgkreis (1304,84 qkm, 135 000 Einw.), das (westliche) Gebiet der kreisfreien Stadt Eisenach (103,8 qkm, 43 300 Einw.). Im Mittellauf hat die Werra von Philippsthal bis Heringen (Widdershausen) zunächst Anteil am osthessischen Landkreis Hersfeld-Rotenburg (1097,2 qkm, 125 000 Einw.) und dann, im nordöstlichen Hessen wieder am Werra-Meißner-Kreis (1024,7 qkm, 107 000 Einw.). In Niedersachsen fließt die Werra im Süden des Landkreises Göttingen durch das Stadtgebiet Hann. Mündens (121,1 qkm, 25 000 Einw.).

Einwohner

Zählt man die Einwohner aller Landkreise, welche die Werra durchfließt, und jene der Stadt Hann. Münden zusammen, ergibt sich eine Gesamtzahl von 639 062 Einw.

Größere, an der Werra gelegene Gemeinden und Städte sind (jeweils in Flussrichtung): Eisfeld (5700 Einw.), Hildburghausen (12 000 Einw.), Meiningen (21 000 Einw.), Bad Salzungen (16 000 Einw.) und Treffurt (5 800 Einw.) in Thüringen, Philippsthal (4 400 Einw.), Heringen (7 750 Einw.) Eschwege (20 400 Einw.), Bad Sooden-Allendorf (8 700 Ew.) und Witzenhausen (15 800 Einw.) in Hessen und Hann. Münden (25 000 Einw.) in Niedersachsen.

Höchster Punkt

Der Große Beerberg in der Nähe von Suhl ist mit 982,9 m die höchste Erhebung des Thüringer Waldes. Außerhalb dieses Mittelgebirges bringt es die Kasseler Kuppe am Hohen Meißner, der Heimat Frau Holles, auf 753,6 m.

AUSKUNFT

Werrataltourismus Tourist-Information

Für die Gemeinden Eschwege, Meißner, Meinhard, Wanfried.
Hospitalplatz 16; 37269 Eschwege
Tel. 0 56 51/33 19 85;
www.werratal-tourismus.de

Eisenach Wartburgregion Touristik

Bietet Unterstützung in allen touristischen Fragen.
Markt 9, 99817 Eisenach; Tel. 0 36 91/ 7 92 30 (Mo–Fr 8–16.30 Uhr) Öffnungszeiten Tourist-Information:
Mo–Fr 10–18, Sa/So 10–17 Uhr;
www.eisenach.de

BUCHTIPPS

Bach und ich

Eigenwillige und interessant subjektive Biografie des niederländischen Romanciers Maarten t'Hart über das Genie Johann Sebastian Bach und seine Zeit, nicht zuletzt die Eisenacher Jahre.

Maarten t'Hart; 257 S. (mit CD), Piper Verlag (8. Aufl.) 2008, 10,00 €

Martin Luther

Gut geschrieben, nicht unkritische Biografie, die den Reformator und Bibelübersetzers auch als Privatmann und Figur sowohl des Spätmittelalters als auch der frühen Neuzeit zeigt.

Veit Jakobus Dieterich; 240 S., dtv-premium 2008, 15,90 €

Der Pfaffenkönig

Fiktive Geschichte um den letzten Ludowinger Heinrich Raspe, der sich 1227 nach dem Tod seines Bruders Ludwig vergeblich um seine Schwägerin Elisabeth bemüht ...

Iris Kammerer; Roman, 420 S., Aufbau Tb Berlin 2007, 9,95 €

Die schönsten Märchen

Fein gestalteter Band berühmter und teils in der Region gesammelter Märchen der Brüder Grimm, Hans Christian Andersens sowie des Meininger Bibliothekars Ludwig Bechstein (1801–1860).

416 S., Verlag Neumann & Göbel 2007, gebunden 9,95 €

Dumont Kunstreiseführer Thüringen

Gut recherchierter und fundierter Band über die zahlreichen kulturellen Sehenswürdigkeiten des Bundeslandes.

Hans Müller; 432 S., Dumont Reiseverlag (5. Aufl.) 2005, 25,95 €

GUT ZU WISSEN

ThüringenCard

Die ThüringenCard ermöglicht günstigen bzw. freien Eintritt zu allerhand Museen, Veranstaltungen, Einrichtungen und Verkehrsmitteln, auch regional (Thüringer Wald, Werratal, Rhön) beschränkbar.

24-Stunden-Ticket 14 €, Kinder 9 €; 3-Tage-Ticket (Tage frei wählbar) 33 €, Kinder 20 €; www.thueringen-tourismus.de

HOTELS

Landgasthof Bierschenk

Gemütlich-ländliches Hotel mit regionaler Küche, nahe Eschwege.

DZ ab 67 €; www.landgasthof-bierschenk.de

Haus Hainstein

Im Eisenacher Villenviertel auf einem Hügel gelegenes, freundliches Hotel der evangelischen Kirche, mit Blick zur Wartburg auch von Terrasse und Speisesaal.

DZ ab 72 €; www.hainstein.de

Blütezeit an der Deutschen Alleenstraße in Thüringen.

Altstadt Hotel Meiningen

Nicht in der Meiniger Altstadt, sondern mit Blick auf sie (10 Minute zu Fuß), liegt das gepflegte Haus ruhig und direkt an der Werra.
DZ ab 89 €; www.altstadthotel-meiningen.de

INTERNET

Radwege
Detaillierte Angaben zu Radwegen und Kanutouren.
www.werratal.de

Wandern, Reiten, Sport
Infos zu Wandern, Reiten, Radfahren, Golfen etc.
www.urlaub-werratal.de

Wandern im Thüringer Wald.
www.wanderservice-rennsteig.de

Wandertipps für die Rhön.
www.rhoenseite.de

Floßtouren auf der Werra (auch Radtouren und einiges mehr).
www.mum-werra-kanu-tours.de

Allgemeine Reise- und Urlaubinfos zu Thüringen.
www.thueringen.info

NOTRUFE

Notarzt: 112
Polizei: 110

REGIONALE ROUTEN

Ferienstraßen:
Neben anderen verlaufen folgende Ferienstraßen durch die Region Werratal.

Deutsche Fachwerkstraße
Nordost-Hessen, West- und Südthüringen.
www.deutsche-fachwerkstrasse.de

Deutsche Alleenstraße
Südthüringen via Eisenach, Vorderrhön, Meiningen, Rennsteig.
www.deutsche-alleenstrasse.com

Märchenstraße
Die Märchenstraße führt u. a. durch Kassel, Eschwege, Bad Sooden-Allendorf und Witzenhausen an der »Frau-Holle-Route«, Hann. Münden u. a. an der »Dornröschen-Route«.
www.deutsche-maerchenstrasse.de

Thüringer Porzellanstraße
Auf der Porzellanstraße durchfährt man u. a. Eisfeld, das Werraquellgebiet und Ilmenau.
www.thueringerporzellanstrasse.de

Klassikerstraße
Die Klassikerstraße führt u. a. durch die Städte Eisenach, Meiningen und Ilmenau.
www.klassikerstrasse.de

VERKEHRSVERBINDUNGEN

Fernstraßen
Das südliche Werratal erschließt die A 71, auf die bei Suhl die A 73 von Coburg trifft. Mit dem knapp 8 km langen Rennsteigtunnel wird im Thüringer Wald Oberhof unterquert und ist Ilmenau rasch erreichbar. Das mittlere Werratal passiert die A 4 zwischen Herleshausen und Eisenach. Im Mündungsbereich mit der Fulda liegen Hann. Münden und Kassel an der A 7.

Bahnlinien (an der Werra)
Zwischen Eisfeld und Eisenach verkehrt die Süd-Thüringen-Bahn, von Eisfeld bis Bad Salzungen verläuft die Trasse stets in Flussnähe. Auch von Eschwege bis Hann. Münden gibt es eine Bahnverbindung entlang der Werra. An den ICE-Fernverkehr der Deutschen Bahn ist der Hauptbahnhof Eisenach angeschlossen.

Flughäfen
Östlich von Eisenach befinden sich (ca. 50 km entfernt) der Verkehrsflughafen Erfurt und (in ca. 20 km Entfernung) der Flugplatz Eisenach-Kindel.
Flughafen Erfurt GmbH; Binderslebener Landstr. 100; 99092 Erfurt, Tel. 03 61/6 56 22 00
Flugplatzgesellschaft Eisenach-Kindel mbH; Am Flugplatz, 99819 Hörselberg, Tel. 03 69 20/8 08 92;
www.flugplatz-eisenach.de

ZEITUNGEN

Thüringer Allgemeine (Erfurt)
Mit 14 Lokalausgaben eine weitverbreitete Zeitung im Raum Thüringen.
Zentralredaktion: Gottstedter Landstr. 6; 99092 Erfurt, Tel. 03 61/22 74;
www.thueringer-allgemeine.de

Das Freie Wort (Suhl)
Unabhängige Zeitung in Südthüringen, gehört seit der Wiedervereinigung zum Süddeutschen Verlag, München.
Schützenstr. 2, 98527 Suhl, Postfach 10 01 51, 98490 Suhl, Tel. 0 36 81/8 51-0; www.freies-wort.de

Hessische/Niedersächsische Allgemeine (Kassel)
Größte Tageszeitung im Raum Kassel, Nordhessen und südliches Niedersachsen.
Verlag Dierichs GmbH & Co. KG
Frankfurter Str. 168, 34121 Kassel, Postfach 10 10 09, 34010 Kassel, Sammelruf Tel. 05 61/2 03-00;
www.hna.de

Quickfinder – alle Ausflugstipps auf einen Blick

Tipp	Seite	Ort	Ausflugstipp	Jahreszeit
1	16	Hofgeismar	Dornröschenschloss Sababurg und Tierpark	ganzjährig
2	18	Hann. Münden	Stadtbesuch	ganzjährig
3	20	Hann. Münden	Römerlager	ganzjährig
4	22	Ziegenhagen	Erlebnispark Ziegenhagen	April/Mai–Okt.
5	24	Kassel	Stadtspaziergang	ganzjährig
6	26	Ludwigstein	Jugendburg	ganzjährig
7	27	Witzenhausen	Kirschenerlebnispfad	ganzjährig
8	28	Witzenhausen	Drei ungewöhnliche Besichtigungen	ganzjährig
9	30	Bornhagen	Burg Hanstein	ganzjährig
10	31	Baunatal	Märchenstunde im Brauhaus Knallhütte	ganzjährig
11	32	Lohfelden	Kunstwanderweg Ars Natura	ganzjährig
12	33	Bad Sooden-Allendorf	Spaziergang und Solebesuch	ganzjährig
13	34	Bad Sooden-Allendorf	Grenzmuseum Schifflersgrund	ganzjährig
14	36	Großalmerode	Glas- und Keramikmuseum	ganzjährig
15	37	Großalmerode	Männerspielplatz	April–Nov.
16	38	Großalmerode	Reiterhof Hirschberg	ganzjährig
17	39	Meißner	Wanderung durchs Berkatal	Frühling–Herbst
18	40	Meißner	Wanderung am Hohen Meißner	Frühling–Herbst
19	42	Meißner	Langlaufloipe auf dem Hohen Meißner	Winter
20	43	Abterode	Besucherbergwerk Grube Gustav	ganzjährig
21	44	Eschwege	Open Flair Festival	Sommer
22	45	Schwebda	Werratalsee	Sommer

Restaurant	Museum	Wandern, Spazieren	Radeln	Zoo, Tiergehege	Ort als Ausflugsziel	Theater	Wasseraktivitäten	Tipps für Kids	Sport & Fitness	Freizeit-/Activitypark	Shopping	für Regentage
✓		✓		✓				✓				
		✓			✓	✓					✓	
✓	✓	✓										
✓	✓			✓				✓		✓		
✓	✓	✓			✓						✓	
✓	✓	✓			✓							
✓		✓			✓			✓				
	✓				✓							✓
✓					✓			✓				
✓	✓							✓				✓
✓		✓										
✓	✓	✓			✓						✓	
	✓	✓										
✓	✓											✓
✓								✓		✓		
✓				✓				✓	✓			
✓		✓										
✓		✓										
✓		✓						✓	✓			
✓	✓							✓				✓
✓						✓						
✓							✓	✓	✓			

Quickfinder – alle Ausflugstipps auf einen Blick

Tipp	Seite	Ort	Ausflugstipp	Jahreszeit
23	46	Treffurt	Burg Normannstein	ganzjährig
24	47	Nentershausen	Erlebnisburg Tannenberg	März–Ende Dez.
25	48	Creuzburg	Burg der heiligen Elisabeth	ganzjährig
26	49	Herleshausen	Golfplatz mit Wasserschloss	März–Nov.
27	50	Herleshausen	Hotel Hohenhaus	ganzjährig
28	52	Lengenfeld	Draisinentour im Eichsfeld	ganzjährig
29	53	Weberstedt	Trabiparadies	ganzjährig
30	54	Bad Langensalza	Baumkronenpfad im Nationalpark Hainich	ganzjährig
31	55	Eisenach	Werksbesichtigung bei Opel	ganzjährig
32	56	Eisenach	Radtour von Eisenach nach Hann. Münden	Frühling–Herbst
33	58	Eisennach	Bachhaus Eisenach	ganzjährig
34	60	Eisenach-Kindel	Rundflug über das Werratal	ganzjährig
35	62	Eisenach	Wartburg	ganzjährig
36	64	Breitungen	Seenlandschaft mit Wassersportzentrum	Frühling–Herbst
37	66	Schmalkalden	Schloss Wilhelmsburg	ganzjährig
38	68	Ruhla	Miniaturpark »mini-a-thür«	ganzjährig
39	69	Schmalkalden	Mommelsteinradweg	Frühling–Herbst
40	70	Oberhof	Wintersportort und Bobbahn	Winter
41	71	Oberhof	Wanderung im Rennsteiggarten	April–Nov.
42	72	Oberhof	Rennsteigloipe	Winter
43	73	Ilmenau	Rennsteigbahn	ganzjährig
44	74	Ilmenau	Ilmenau und Wanderung auf den Kickelhahn	ganzjährig

Restaurant	Museum	Wandern, Spazieren	Radeln	Zoo, Tiergehege	Ort als Ausflugsziel	Theater	Wasseraktivitäten	Tipps für Kids	Sport & Fitness	Freizeit-/Activitypark	Shopping	für Regentage
●	●	●			●		●					
●		●			●		●					
●	●	●			●		●					
●		●							●			
●		●										
			●				●	●				
●	●						●					●
		●					●					
					●		●					●
			●		●				●		●	
●	●				●							●
●							●			●		
●	●	●										●
●	●	●				●	●	●				
●	●				●							●
●		●					●			●		
●			●						●			
					●		●	●				
●		●										
●							●	●				
●							●			●		
●	●	●			●						●	

Quickfinder – alle Ausflugstipps auf einen Blick

Tipp	Seite	Ort	Ausflugstipp	Jahreszeit
45	76	Rottenbach	Kloster Paulinzella	ganzjährig
46	78	Suhl	Waffenmuseum	ganzjährig
47	79	Schmiedefeld	Rennsteiglauf	Mai
48	80	Meiningen	Elisabethenburg und Theatermuseum	ganzjährig
49	82	Themar	Wanderung und historische Stadtanlage	ganzjährig
50	84	Veßra	Kloster Veßra	ganzjährig
51	85	Schleusingen	Naturhistorisches Museum	ganzjährig
52	86	Masserberg	Wintersport	Winter
53	88	Hildburg-hausen	Stadtvisite	ganzjährig
54	89	Eisfeld	Wanderung zur Werraquelle	ganzjährig
55	90	Eisfeld	Porzellanmuseum und Schloss	ganzjährig
56	91	Eisfeld	Radtour von Eisfeld nach Meiningen	Mai–Okt.
57	92	Theuern	Goldmuseum	ganzjährig
58	93	Sonneberg	Bahnfahrt von Sonneberg nach Neuhaus	ganzjährig
59	94	Bad Hersfeld	Bad Hersfelder Festspiele	Mitte Juni–Ende Aug.
60	96	Heringen	Kalibergbaumuseum	ganzjährig
61	98	Merkers-Kieselbach	Erlebnisbergwerk Merkers	ganzjährig
62	100	Bad Salzungen	Gradierwerk und Keltenbad	ganzjährig
63	102	Bad Salzungen	Kanutour auf der Werra	Mai–Sept.
64	103	Bad Salzungen	Zu Fuß über den Pleßberg	Mai–Okt.
65	104	Geisa	Grenzmuseum und Rundwanderung	ganzjährig
66	106	Gersfeld	Wasserkuppe	ganzjährig

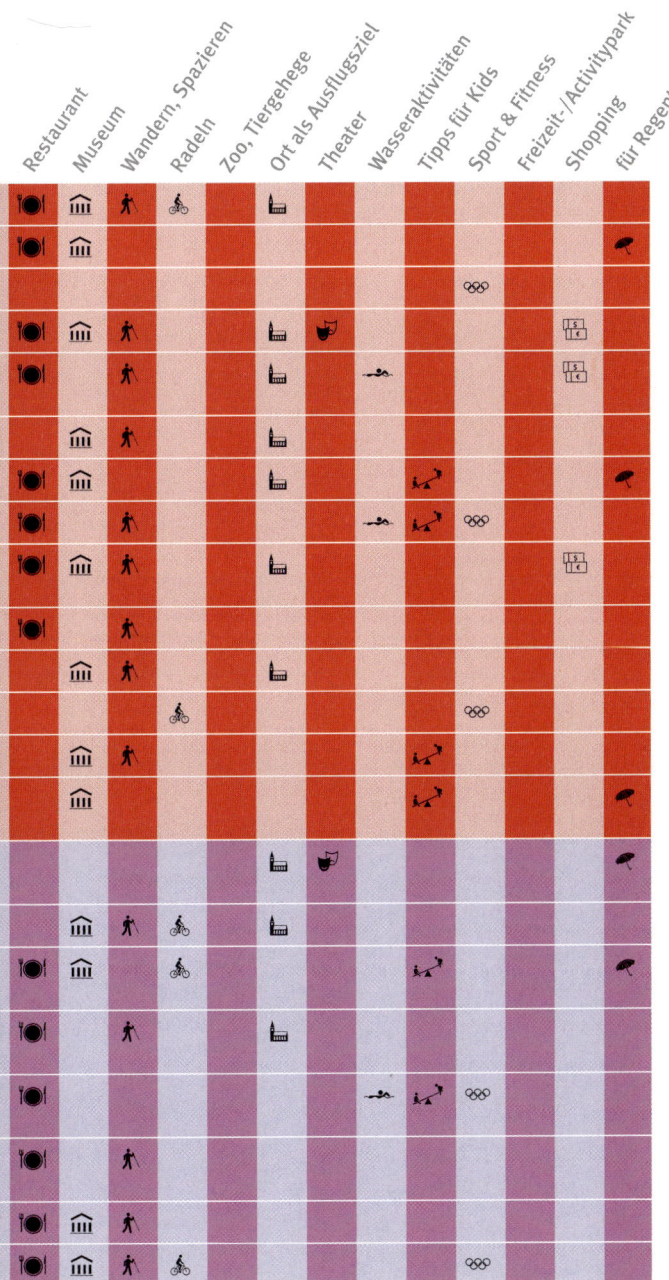

Impressum

Liebe Leserinnen und Leser,
wir freuen uns, Ihre Meinung zu diesem Reiseführer zu erfahren. Bitte schreiben Sie uns, wenn Sie Berichtigungen und Ergänzungsvorschläge haben oder wenn Ihnen etwas besonders gut gefällt:

TRAVEL HOUSE MEDIA GmbH, Postfach 86 03 66, 81630 München
E-Mail: merian-live@travel-house-media.de; Internet: www.merian.de

Bei Interesse an digitalen Daten aus der MERIAN-Kartographie wenden Sie sich bitte an:
iPUBLISH GmbH, Abt. Cartography
merianmapbase@ipublish.de
www.merianmapbase.de

Bei Interesse an Anzeigenschaltung wenden Sie sich bitte an:
KV Kommunalverlag GmbH & Co. KG
MediaCenterMünchen
Tel. 0 89 – 92 80 96 – 44
E-Mail: winzer@kommunal-verlag.de

FOTOS
Titelbilder (von links nach rechts):
Th. Robbin/Waldhäusl; W. Ehn;
D. Hagenguth/Agentur Focus

Allerley GbR: 47; M. Ammer/laif: 86; Archiv Rennsteiglauf: 14(l), 79; Bildagent/dpa: 7; Th. Bretschneider: 45; A. Buellesbach/VISUM/Fotofinder: 96/97; J. Büttner/dpa: 98/99; DITSL GmbH: 29; H. H. Dohmen: 94, 112/113; Euroluft.de/VISUM/Fotofinder: 61; Familie Koseck: 17; J. Foerster/blickwinkel Natur im Bild: 60; Fotofachlabor Ondraczek Vellmar: S. 14 (r), 36; Fotolia: 14 (m), 37, 49, 67, 69, 91, 116; Fotothek/Wartburg-Stiftung Eisenach; Grenzmuseum Schifflersgrund: 34/35; M. Gonzales/laif: 38; Th. Haertrich/Fotofinder: 72/73; H. Hirndorf/dpa: 103; R. Hirschberger/dpa: 99; Internetportal www.thueringen.info: 82/83; B. Jonkmanns/laif 6 (l), 8/9, 46, 48, 102; Knallhütte: 31; J. Kolb: 114/115; M. Lenarduzzi: 6 (m), 40/41, 43, 109; Lubenow/Bildagentur Huber: 70; K. Maeritz/ Look-foto: 15, 66; K. Maeritz/dpa: 56; M. Mehlig/Mauritius Images: 13; MERIAN Archiv: 22/23; H. Meyer: 20/21, 33, 50/51; Museum »Otto Ludwig« Eisfeld: 90; Open Flair Festival: 44; J. Peter/dpa: 120; potiscom.net: 32; Pro Witzenhausen GmbH/Tourist-Information: 27; Th. Robbin/Waldhäusl: 18; M. Reichel/ Fotofinder: 55, 71, 78, 93; ReKo GmbH: 53, 108 (m); J. Reuther/Waldhäusl/Imagebroker: 42; K. Schlemmer: 52; H. Schmidt/dpa/lth: 13, 59; M. Schutt/dpa/ith: 10/11, 54, 66, 68, 81, 85, 88, 104/105, 111; Selbach/laif: 30, 84; Sole-Heilbad Kurverwaltungsgesellschaft mbh Bad Salzungen: 100/101; B. Steinhilber/laif: 62; F. Turetzek: 24/25; F. Wittenbrock/Werratal Touristik e.V.: 6 (r), 57, 89, 108; H. Wohner/Look-foto: 74/75; www.kiesseecampingplus.de: 63; Zucchi Uwe/dpa: 26

© 2009 TRAVEL HOUSE MEDIA
   GmbH, München
MERIAN ist eine eingetragene Marke der GANSKE VERLAGSGRUPPE.

PROGRAMMLEITUNG
Dr. Stefan Rieß
KONZEPT UND IDEE
Verónica Reisenegger, Ingra Halder, Andreas Hugle
REDAKTION
Ingra Halder
LEKTORAT
Daniel Hoch für bookwise, München
SATZ UND GESTALTUNG
bookwise, München
KARTEN
MERIAN-Kartographie
DRUCK UND BINDUNG
Polygraf, Slowakische Republik

1. Auflage

Ein Unternehmen der
GANSKE VERLAGSGRUPPE